RECUEIL GÉNÉRAL

ET COMPLET

DES

FABLIAUX

DES XIIIe ET XIVe SIÈCLES

IMPRIMÉS OU INÉDITS

Publiés d'après les Manuscrits

PAR

M. ANATOLE DE MONTAIGLON

TOME PREMIER

PARIS
LIBRAIRIE DES BIBLIOPHILES
Rue Saint-Honoré, 338

M DCCC LXXII

RECUEIL

DES FABLIAUX

Il a été fait un tirage en GRAND PAPIER à

25 exemplaires sur papier de Chine (n°s 1 à 25), à 30 fr.
25 — sur papier Whatman (n°s 26 à 50), à 30 fr.
150 — sur papier de Hollande (n°s 51 à 200), à 20 fr.
_____
200 exemplaires *numérotés*.

AVANT-PROPOS

Après *les grandes* Chansons de gestes, *les* Fabliaux *ont été à un moment, et pendant deux siècles au moins, une des formes les plus importantes et les plus personnelles de l'ancienne littérature de la France et, on peut le dire maintenant, de la littérature française.*

Le premier qui s'en soit aperçu à l'état d'historien est le Président Claude Fauchet dans son Histoire des anciens poëtes françois, *publiée en 1581, alors que leur esprit était depuis longtemps passé ailleurs, dans les Farces d'abord et ensuite dans les conteurs en prose. Le dix-septième siècle les a ignorés. Molière, sans le savoir et par une série d'inter-*

a

médiaires encore inconnus, a fait dans son MÉDECIN MALGRÉ LUI un chef-d'œuvre avec le vieux Fabliau du VILAIN MIRE, et La Fontaine a cru les trouver dans leurs imitateurs italiens. Il était réservé à la curiosité du dix-huitième siècle d'avoir l'intelligence de se reprendre directement à ce passé oublié.

Dans un Mémoire imprimé en 1746, dans le tome XX des MÉMOIRES DE L'ACADÉMIE DES INSCRIPTIONS, un amateur et un archéologue, ordinairement curieux de l'art italien ancien et moderne, le comte de Caylus, et, d'après l'examen d'un seul manuscrit, celui de Saint-Germain-des-Prés, rappela, presque en s'en étonnant, l'attention sur cette forme particulière de l'ancienne littérature de son pays. Dix ans après, en 1756, Barbazan en publia, aussi bien qu'on le pouvait alors, un certain nombre, bien plus considérable à coup sûr qu'on n'eût dû s'y attendre de son temps.

Le Grand d'Aussy, vers la fin du siècle, en 1779 et 1789, en fit un autre recueil, où les analyses l'emportent de beaucoup sur les textes.

Sous l'Empire, en 1802, Méon en publia en quatre volumes un recueil, déjà plus général et maintenant encore le plus important, successivement augmenté par un supplément de deux volumes imprimés par lui sous la Restauration, en 1823, et par un autre recueil aussi de deux volumes, publiés en 1839 et en 1842 par M. Jubinal. Quelques trop rares plaquettes, imprimées par des éditeurs différents, au nombre desquels il faut surtout compter en France M. Francisque Michel, et en Angleterre M. Thomas Wright, y ont ajouté quelques pièces. Voilà, sans entrer dans le menu du détail bibliographique, l'état où en est aujourd'hui la question.

En même temps il faut remarquer que, dans toutes ces publications qui avaient à leur disposition tout l'inédit du Moyen Age français, comme la Renaissance du XVe et du XVIe siècle avait eu le bonheur de trouver tous les classiques latins et grecs, il est entré bien des pièces qui ne sont des Fabliaux à aucun titre. Miracles et contes dévots, chroniques historiques rimées, Lais, petits Romans d'aventures, Débats, Dits, pièces morales, tout ce qui se rencontrait d'ancien et de curieux sans être long a été publié un peu au hasard et en masse par les différents éditeurs dont j'ai rappelé les noms. Ils avaient à coup sûr raison ; tout ce qu'ils ont imprimé était une découverte et un document à la fois philologique et littéraire. Maintenant que les publications d'anciens textes français, et il faut encore un long temps pour en épuiser la mine, se sont accumulées, il convient forcément d'être plus sévère au point de vue du genre, et, si l'on s'occupe des Fabliaux, de s'en tenir à ce qui est le vrai Fabliau, c'est-à-dire à un récit, plutôt comique, d'une aventure réelle ou possible, même avec des exagérations, qui se passe dans les données de la vie humaine moyenne. Tout ce qui est invraisemblable, tout ce qui est historique, tout ce qui est pieux, tout ce qui est d'enseignement, tout ce qui est de fantaisie romanesque, tout ce qui est lyrique ou même poétique, n'est à aucun titre un Fabliau, et par suite ce Recueil se trouvera ne pas réimprimer plus d'un tiers, peut-être une moitié de ceux qui l'ont précédé. Un Fabliau est le récit d'une aventure toute particulière et ordinaire; c'est une situation, et une seule à la fois, mise en œuvre dans une narration plutôt terre à terre et railleuse qu'élégante ou sentimentale. Les délicatesses de la forme ou du fonds tournent vite soit aux élégances de la poésie, soit aux hauteurs du drame tragique; le Fabliau reste au-dessous. Il est plus naturel, bourgeois si l'on veut, mais il est foncièrement comique, souvent, par malheur, jusqu'à la grossièreté. C'est enfin, et à l'état comme individuel, c'est-à-dire relativement court, sans former de suite ni de série, un conte en vers, plus long qu'un conte en prose, mais qui n'arrive jamais à être ni un roman ni un poëme.

On voit par là le cadre dans lequel notre tâche d'éditeur doit se restreindre. Nous avons à donner tous les vrais Fabliaux qui ont déjà été imprimés une ou plusieurs fois, et y ajouter, autant que nous *le saurons, ceux qui sont encore inédits. Tous les meilleurs sont connus, et nous n'aurons d'autre mérite que de les revoir avec soin sur les manuscrits ; c'est une tâche périlleuse, mais assez facile, en ce sens seulement que les manuscrits des Fabliaux sont aussi rares que ceux des poésies des Troubadours provençaux, que le plus grand nombre même n'existe que dans un seul manuscrit, et qu'à l'exception du manuscrit de Berne tous les manuscrits qui en contiennent un certain nombre sont au Département des Manuscrits de notre grande Bibliothèque nationale. Malheureusement, et sauf de trop rares exceptions, ceux que nous imprimerons pour la première fois sont les plus mauvais, les plus sots, les plus grossiers, parfois même les plus stupidement obscènes ; mais, comme nous faisons œuvre d'éditeur de textes anciens sans pouvoir arriver au grand public qui ne les comprend guère et s'y intéresse assez peu pour ne pas même y toucher, que ceux qui les liront seront ou des philologues ou des historiens, nous n'avons à nous préoccuper ici ni de jugement, ni de choix, ni d'extraits, ni de suppressions. Nous voulons faire le recueil des textes de Fabliaux ; c'est notre devoir, et nous ne pouvons nous y soustraire. Nous ne pouvons que donner et nous devons donner tous ceux qui sont connus, imprimés ou inédits, bons ou mauvais, spirituels ou maladroits, bien ou mal écrits, amusants ou ennuyeux, courts ou longs, réellement comiques ou violemment grossiers.* Ce sont des textes non-seulement utiles, mais même nécessaires pour l'histoire de la langue et pour l'histoire littéraire ; quelques-uns sont des chefs-d'œuvre d'observation et de malice, de la grande lignée, peut-être la plus française, de Villon, de Rabelais, de Molière et de Voltaire ; d'autres sont acceptables ; d'autres ennuient ; d'autres dégoûtent aujourd'hui après avoir été entendus de leur temps et avec plaisir par des oreilles même féminines, plus honnêtes que celles qui ne les supporteraient pas aujourd'hui. Nous n'avons pas à les juger ; précisément parce que nous nous restreignons à un seul genre, nous sommes, à la suite de nos prédécesseurs dans la même voie, forcés à la fois de reproduire tout ce qu'ils ont donné et d'être plus complets.

En même temps nous devons à ceux qui viendront chercher ce qu'ils doivent exiger de nous, c'est-à-dire le recueil des textes, raison de l'ordre ou plutôt de l'absence d'ordre méthodique dans lequel ils se trouveront imprimés. La question était plus délicate qu'il ne semble, et M. Jannet et moi n'avons pas été sans la discuter plus d'une fois. Car je dois à l'estime et à l'amitié que j'avais pour sa personne et que je conserve pour sa mémoire, de dire qu'il m'avait autrefois demandé ce recueil pour la Bibliothèque elzévi-

rienne, que sans l'interruption de celle-ci il y aurait paru depuis longtemps et que je lui avais naturellement conservé ce que j'avais déjà fait de collations, sûr qu'un jour ou l'autre nous l'imprimerions ensemble. Le moment en était venu; une partie de ce premier volume des Fabliaux était même déjà imprimée et tirée avant la guerre et le siège de Paris, pendant lequel M. Jannet mourut. On voit que, s'il n'y a pas dans ce Recueil un ordre méthodique, c'est qu'après un examen sérieux il nous a paru impossible d'arriver dans ce sens à un ordre qui non-seulement fût satisfaisant, mais ne fût pas en même temps aussi faux que dangereux.

Il n'était pas possible de penser à les grouper par auteurs. Presque tous sont anonymes; les auteurs de quelques-uns sont connus, alors seulement qu'ils ont enchâssé leur nom dans les vers de leur récit, et ces noms ne disent rien puisqu'on ne sait d'eux rien autre chose. De plus, avec la façon dont les copistes du Moyen Age changeaient innocemment la langue et le dialecte de ce qu'ils transcrivaient pour l'accommoder au parler du jour et aux habitudes de leur propre province, ce qui fait qu'on ignore surtout leur date précise, il n'était pas plus possible de classer les Fabliaux dans l'ordre chronologique de leur rédaction.

Méon a bien mis sur son titre « Contes et Fabliaux des XIe, XIIe, XIIIe, XIVe et XVe siècles. » Il est certain que nous ne possédons pas un seul Fabliau en vers français du XIe siècle, si même il y en a eu; on en a écrit certainement au XIIe siècle, mais nous n'en possédons pas un qui soit bien authentiquement de cette époque; tous les manuscrits sont du XIIIe et du XIVe siècle; pour le XVe siècle, il n'y en a plus; le Fabliau avait fait son temps, il était vieilli, démodé et ne s'écrivait plus. En réalité, tous nos manuscrits de Fabliaux ne dépassent pas une période d'un grand siècle et demi. Quels sont là dedans ceux qui sont du temps même du manuscrit qui, selon l'âge réel, c'est-à-dire selon que le copiste qui garde son écriture était jeune ou vieux, peut varier d'une trentaine d'années en moyenne et ne s'apprécier que par approximation ? Quels sont dans chacun de ces recueils, — et ce sont des recueils en très-petit nombre, une dizaine au plus de cartulaires de Fabliaux, si l'on peut employer ce terme à leur propos, qui contiennent la presque-totalité de ce qui en est venu jusqu'à nous, — quels sont, dis-je, les Fabliaux qui sont antérieurs à l'exécution du manuscrit et qui s'y trouvent remaniés comme forme de mots, même comme style et comme récit? Autant de questions insolubles.

Dans une notice excellente qui a été écrite par M. Victor Leclerc pour le vingt-troisième volume de l'HISTOIRE LITTÉRAIRE (p. 69-215), notice à laquelle *je ne puis que renvoyer en regrettant de ne pas pouvoir la réimprimer en tête de ce Recueil, dont elle serait à la fois la meilleure préface et le plus juste commentaire, il a, pour classer ce qu'il en avait à dire, très-ingénieusement divisé les Fabliaux selon le caractère de leurs personnages principaux. Après avoir parlé des Fabliaux — ou plutôt des récits pieux qui ne sont pas des Fabliaux et sortent de notre cadre — où figurent la Vierge, les Anges et les Saints, il a parlé de ceux qui se rapportent au Clergé séculier, aux Moines, aux Chevaliers et Barons, aux Bourgeois et enfin aux Vilains. C'est un ordre ingénieux, naturel à un tableau littéraire, mais impossible dans une publication de textes. Non-seulement il aurait fallu avoir en commençant, sans la moindre lacune, la collation et la copie de tous les Fabliaux imprimés ou inédits qui existent dans les manuscrits, mais en fait, chose dont il n'avait pas à s'inquiéter, on se trouverait mettre ensemble tous les Fabliaux grossiers à l'article du Clergé et à celui des Vilains, et mettre ensemble tous les plus heureux et les meilleurs à l'article des Bourgeois; c'est là aussi qu'eussent été réunis tous les plus longs.*

Devant ces difficultés, réellement insurmontables, — et l'on en pourrait citer d'autres, celle par exemple des Fabliaux qui ne rentrent précisément dans aucune de ces divisions ou qui pourraient indiffé-

remment se mettre dans plusieurs — *il a paru qu'il fallait tenir une voie moyenne et rester dans la condition de mélange et de variété adoptée du reste par tous ceux qui les ont édités antérieurement. Il y a, en effet, avantage pour la lecture à ne pas mettre ensemble tous les bons, parce qu'alors tous les mauvais se seraient trouvés réunis, à mêler les longs et les courts pour que chaque volume en ait un nombre à peu près égal, à éparpiller les Fabliaux grossiers parce que groupés ils formeraient un ensemble insoutenable, et que, si un éditeur est forcé de les subir, il n'a pas à en aggraver l'impression en les mettant à la suite l'un de l'autre, comme ont fait certains éditeurs pour les pires épigrammes de Martial. L'ordre en réalité ne pouvait, je crois, s'établir dans ce recueil autrement que d'une façon presque matérielle, par une sorte de proportion et d'équilibre entre les courts et les longs, entre les bons et les mauvais. Comme ce sont particulièrement des pièces séparées et sans aucune liaison, un ordre logique y est moins important qu'ailleurs; plus même on chercherait à vouloir l'établir, moins on serait sûr d'en trouver un qui fût satisfaisant, moins on serait sûr de pouvoir le suivre, par cette bonne raison qu'il y a vraiment impossibilité.*

Ce sera donc, comme le porte le titre, aussi complétement que possible, mais simplement un recueil de textes; le premier volume n'a pas de variantes *parce que les pièces qui y sont contenues ne se trouvent que dans un seul manuscrit; dans les suivants, selon que les Fabliaux se trouveront dans deux ou dans trois, ce qui n'est pas fréquent, les variantes seront réunies à la fin du volume. C'est aussi cette condition, la plus simple et la plus exécutable, d'être un recueil de textes, qui en a fait retrancher volontairement tout l'appareil d'un commentaire d'histoire littéraire qui eût été insuffisant ou beaucoup trop développé. Les Fabliaux ne sont autre chose que des contes; et les contes, qui se remanient et se reproduisent incessamment, n'ont de valeur nouvelle que par la forme et la mise en œuvre; ils se transmettent et se retrouvent partout, dans le temps comme dans l'espace, aussi bien à la même époque qu'en remontant et en descendant. Il y a sur ce point déjà trop de textes et d'études pour, à moins d'un travail nouveau, énorme, et qui serait d'autant plus intéressant qu'il serait général et s'adresserait à l'ensemble sans se tenir à un recueil de contes ni à un auteur en particulier, faire autre chose qu'une compilation sans saveur et sans utilité. Indiquer ce qui a passé dans Boccace ou dans La Fontaine est inutile; mais signaler, même par un simple renvoi, toutes les ressemblances avec les conteurs orientaux de toutes les époques, toutes ou même seulement les principales ressemblances ou imitations des conteurs européens postérieurs, ce serait faire l'histoire non pas seulement des conteurs français, mais bien plus encore de tous les* Novellieri *italiens. Être complet est impossible, être incomplet est inutile, et, dans une annotation nécessairement courte, on en dirait beaucoup moins que dans les livres, trop nombreux pour que je puisse même les rappeler dans cet avertissement, où l'on a commencé de s'occuper de la filiation et de la transmission des contes ou plutôt de leurs analogies.*

Les ressemblances ou, si l'on veut, les coïncidences sont frappantes, mais la distinction successive des dates et surtout les généalogies réelles et prochaines sont beaucoup moins sûres. Ce serait la recherche la plus importante et l'affirmation la plus profitable; mais, la plupart du temps, en dehors de ce qui est la littérature européenne moderne postérieure à l'imprimerie, cette source vraiment directe et positive est, et sera peut-être toujours, à peu près impossible à établir pour nos Fabliaux.

Assurément beaucoup de contes, tous les contes peut-être, viennent de l'Orient, et on les y retrouve plus ou moins; mais assurément aussi les auteurs de nos Fabliaux ne les ont pas pris directement à l'Orient, qui, en dehors de quelques produits naturels, ou manufacturés, et transportables en nature à l'état de marchandises, a été, quoi qu'on en dise très-légèrement, presque aussi complétement ignoré après qu'avant les Croisades. Ce qui doit être l'origine des Fabliaux, ce sont des recueils de petits contes écrits en latin, et nous en possédons fort peu, surtout avec une date certaine. On peut en particulier croire que les GESTA ROMANORUM, *à part, bien entendu, les moralisations qui me semblent évidemment ajoutées et très-postérieures au texte, sont bien plus anciens qu'on ne le pense; ils sont évidemment postérieurs aux légendes des* MIRABILIA URBIS ROMÆ, *mais doivent encore appartenir, au moins originairement, à ces quelques siècles du premier Moyen Age par le plus étrange oubli et la perversion la plus singulière des faits, des noms et des idées les plus vulgaires de l'antiquité; il y a là un reste et un fonds de contes barbares dont nous ne possédons presque plus rien et où les Fabliaux avaient leur racine peut-être plus directe que dans l'Orient. Et même celui-ci est venu trouver l'Europe, mais par plus d'intermédiaires qu'on ne le dit d'ordinaire. Les premiers sont les Arabes, mais ils n'eussent pas suffi; le second et vrai intermédiaire, c'est le peuple cosmopolite par excellence et le seul qui le fut au Moyen Age, c'est-à-dire les Juifs, orientaux eux-mêmes d'esprit et de tradition, qui seuls savaient l'arabe et qui seuls pouvaient le traduire en latin, la langue unique et générale par le canal de laquelle un conte aussi bien qu'une idée pouvait entrer dans le courant européen. Une trace bien curieuse et bien positive, c'est la* Disciplina clericalis *de Pierre Alphonse, et le cadre comme les récits des histoires des Sept Sages ont dû être transmis par les Juifs encore plus que par les Grecs, qui ont eu si peu d'influence sur notre vrai Moyen Age. En même temps, il y a sur ce point toute une recherche à faire dans le Talmud; il renferme, écrivait rapidement M. Deutsch et sans y attacher d'importance, beaucoup d'historiettes qu'on retrouve dans les conteurs du Moyen Age. Il faut des connaissances toutes spéciales pour étudier le Talmud à quelque point de vue que ce soit, mais il serait digne d'un hébraïsant érudit de s'attacher à ce filon et d'en établir l'importance. La solution de la question, c'est-à-dire le vrai passage des contes orientaux en Europe, est peut-être là tout entier. S'ils se trouvent dans le Talmud aussi bien qu'en Perse ou dans l'Inde, c'est le Talmud qui les aura conservés chez les Juifs, et ce sont eux qui, en les écrivant en latin, en ont donné à l'Europe le thème et la matière.*

Maintenant il est à remarquer qu'une fois écrits en français et en vers, à l'état individuel de pièces séparées ayant chacune une existence propre, une longueur personnelle, variable et plus développée que dans un recueil de contes, les Fabliaux sont devenus une forme qui reste particulière à la France.

L'Espagne et l'Allemagne, dont l'une a imité et

dont l'autre a traduit nos grands poëmes, n'ont pas acclimaté chez elles nos Fabliaux et n'en possèdent pas qui leur soient particuliers. Si l'Angleterre en a profité, non pas seulement en les imitant comme a fait Chaucer, mais en en écrivant elle-même quelques-uns en anglo-normand, ils n'y ont pas la même importance que chez nous. L'Italie en a profité aussi, et Boccace en a rapporté des bords de la Seine sur ceux de l'Arno, mais il est rentré dans le cadre et dans la forme de ces recueils latins maintenant perdus et qui devaient encore exister de son temps; il est revenu d'un côté à la prose, de l'autre à la brièveté des récits, à leur pondération équilibrée, et son exemple a entraîné tous les auteurs italiens dont il est le maître et le modèle. Autrement dit, l'Italie a des contes et des conteurs, mais en prose, et ce qu'il peut y avoir de contes italiens écrits en stances ne sont que de petits poëmes, mais sans être davantage ce que chez nous ont été les Fabliaux.

Du reste ils n'ont pas chez nous duré plus de deux siècles sous la forme nouvelle et originale qui leur est et qui nous est vraiment propre. Lorsque l'élément comique, après avoir été d'abord un détail pour reposer de la gravité des Mystères, après s'y être étendu jusqu'à y passer à l'état d'intermède, s'est détaché du drame religieux et est devenu, non pas la Comédie, mais cependant une vraie pièce de théâtre et ce qui s'est appelé la Farce, celle-ci a tué le Fabliau; elle lui a tout pris, ses sujets et ses personnages ainsi que son esprit et son ton lui-même. Comme le Fabliau, la Farce n'est pas autre chose, je ne dirai pas qu'une action, mais qu'une situation unique prise dans la vie commune et du côté de la moquerie. Le Fabliau avait plus dialogué que le Conte; la Farce se débarrasse du récit et le met tout entier en dialogue. C'est si bien le même esprit, les mêmes visées, les mêmes auteurs, que du moment où, pour préparer le retour à la Comédie, la Farce a fait rire nos pères en se moquant d'eux à la façon du Fabliau, c'est-à-dire au quinzième siècle, il n'y a plus de Fabliaux; ils sont morts, ou pour mieux dire ils se sont métamorphosés pour revivre sous une nouvelle forme. Seulement, comme le conte ne peut pas périr, avec les Cent nouvelles et les recueils du XVIe siècle il est, à la suite de Boccace et des Italiens, revenu à la prose, à la condition de recueil, et par elle à une brièveté maintenue d'une façon à peu près égale. L'imprimerie a été aussi une raison pour l'empêcher de reprendre sa forme versifiée, plus naturelle à la récitation publique que la prose, qui se lit plutôt parce que celle-ci ne reste pas dans la mémoire d'une façon assez sûre pour se dire facilement.

En tout cas, depuis la seconde moitié du XIIe siècle, où il s'est essayé et développé, jusqu'à la fin du XIVe, le Fabliau a vécu en France d'une vie propre, et c'est chez lui et chez lui seul que pendant le même temps se trouve presque tout l'esprit comique. Leur meilleur historien en a dit à un endroit : « Il est « permis de désirer encore une édition collective « des Fabliaux, rigoureusement revue sur les ma- « nuscrits, correcte, méthodique, bornée au seul « genre des contes, enrichie et non surchargée « d'éclaircissements, de gloses, de parallèles avec « les conteurs des divers pays et qui apprenne à la « France quel rang elle occupait dans la poésie « narrative au XIIIe siècle. »

J'ai indiqué les raisons qui m'empêchent de tenter un ordre méthodique et de faire cette glose, pour laquelle, à mon sens, les vrais matériaux, c'est-à-dire les sources directes et prochaines, ou manquent ou ne sont pas encore explorées. Je me borne, je le répète, à donner, aussi bien que je le pourrai, l'édition collective des textes, bornée au seul genre des contes et revue sur les manuscrits, dont, il y a déjà seize ans, le savant M. Victor Leclerc signalait la nécessité et qu'il appelait de ses vœux.

ANATOLE DE MONTAIGLON.

FABLIAUX

TOME PREMIER

FABLIAUX

I

DES DEUX BORDEORS RIBAUZ.

F. Fr., 19152, f. 69 verso.

IVA! quar lai ester ta jangle :
Si te va séoir en cel angle,
Nos n'avons de ta jangle cure,
Quar il est raison et droiture
Par tot le mont, que cil se taise
Qui ne sait dire riens qui plaise.
Tu ne sez vaillant .II. festuz.
Com tu es ore bien vestuz
De ton gaaignaige d'oan!
Vois quiex sollers de cordoan,
Et com bones chauces de Bruges!
Certes, ce n'est mie de druges
Que tu es si chaitis et las.
Ge cuit bien, par S. Nicolas,

Que tu aies faim de forment.
Conment es tu si povrement ?
Que ne gaaignes tu deniers ?
Tu es ci un granz pautoniers :
Tu n'es pas mendre d'un frison.
Or déusses en garnison
Avoir .II. porpoinz endossez,
Ou à un cureur de fossez
Déusses porter une hote,
Tant que d'amone povre cote
Péusses iluec amender.
Mais tu aimes mielz truander,
Lechieres, que estre à hennor.
Or esgardez, por Dieu, seignor,
Cils homs, com richement se prueve !
Jamais, à nul jor, robe nueve
N'a u, pour chose que il die.
Or esgardez quel hiraudie
Il s'est iluec entorteilliez.
Moult est or bien apareilliez
De quant tel chaitis doit avoir.
Si t'aïst Diex, or me di voir :
Quiex homs es tu, or me di quiex.
Tu n'es mie menesterex
Ne de nule bone œuvre ovrieis ;
Tu sanbles un vilains bouvieis,
Ausi contrefez come un bugles ;
Tu sanbles un meneur d'avugles
Miels que tu ne faces autre home.
Ge ne pris pas I. trox de pome

Ne toi ne tot quanques tu as.
Se Diex t'aïst, s'onques tu as
Onques nul home si te tue,
Que tu ne valz une letue,
Ne chose que tu saiches faire.
Pour Dé, si te devroies taire;
Ne dois pas parler contre moi.
Que t'ai-ge dit? or me di quoi?
Tu ne sez à nul bien repondre;
Pour ce si te devroit on tondre
Tantot autresi come un sot.
Tu ne sez dire nul bon mot
Dont tu puisses en pris monter;
Mais ge sai aussi bien conter,
Et en roumanz et en latin,
Aussi au soir come au matin,
Devant contes et devant dus,
Et si reşai bien faire plus
Quant ge sui à cort et à feste,
Car ge sai de chançon de geste.

 Cantères sui qu'el mont n'a tel :
Ge sai de Guillaume au tinel,
Si com il arriva as nés,
Et de Renoart au cort nés
Sai-ge bien chanter com ge vueil,
Et si sai d'Aïe de Nantueil
Si com ele fu en prison;
Si sai de Garins d'Avignon,
Qui moult estore bon romans;
Si sai de Guion d'Aleschans

Et de Vivien de Bourgogne ;
Si sai de Bernart de Saisoigne
Et de Guiteclin de Brebant ;
Si sai d'Ogier de Montaubant,
Si com il conquist Ardennois ;
Si sai de Renaut le Danois ;
Mais de chanter n'ai ge or cure.
Ge sai des romanz d'aventure,
De cels de la réonde Table,
Qui sont à oïr delitable.
De Gauvain sai le mal parler,
Et de Quex le bon chevalier ;
Si sai de Perceval de Blois ;
De Pertenoble le Galois
Sai ge plus de .XL. laisses ;
Mais tu, chaitif, morir te laisses
De mauvaitié et de paresce ;
En tot le monde n'a proesce
De quoi tu te puisses vanter ;
Mais ge sai aussi bien conter
De Blancheflor comme de Floire ;
Si sai encor moult bon estoire,
Chançon moult bone et anciene ;
Ge sai de Tibaut de Viane ;
Si sai de Girart d'Aspremont.
Il n'est chançon en tot le mont
Que ge ne saiche par nature ;
Grant despit ai com tel ordure
Com tu es, contre moi parole.
Sez tu nule riens de citole,

Ne de viele ne de gigue?
Tu ne sez vaillant une figue.
 De toi n'est il nus recouvriers;
Mais ge sui moult très bons ovriers,
Dont ge me puis bien recouvrer;
Se de ma main voloie ovrer,
Ansi com ge voi mainte gent,
Ge conquerroie assez argent;
Mais à nus tens ge ne fas œuvre.
Ge suis cil qui les maisons cueuvre
D'ués friz, de torteax en paele;
Il n'a home jusqu'à Neele
Qui mielz les cuevre que ge faz.
Ge sui bons seignerres de chaz,
Et bons ventousierres de bués;
Si sui bons relierres d'ués,
Li mieldres qu'en el monde saiches.
Si sai bien faire frains à vaches
Et ganz à chiens, coifes à chièvres.
Si sai faire haubers à lièvres,
Si forz qu'il n'ont garde de chiens.
Il n'a el monde, el siecle, riens
Que ge ne saiche faire à point :
Ge sai faire broches à oint
Mielz que nus hom qui soit sor piez;
Si faz bien forreax à trepiez
Et bones gaïnes à sarpes,
Et se ge avoie .II. harpes,
Ge nel lairai que ne vos die,
Ge feroie une meloudie

Ainz ne fu oïe si grantz.
Et tu, diva, di, fax noienz,
Tu ne sai pas vaillant un pois.
Ge connoi force bons borgois
Et toz les bons sirjanz du monde;
Ge connois Gautier Trenchefonde,
Si connois Guillaume Grosgroing,
Qui assomma le buef au poing,
Et Trenchefer, et Rungefoie,
Qui ne doute home qu'il voie;
Mache-Buignet et Guinement.
Et tu, connois tu nule gent
Qui onques te faïssent bien ?
Nenil, voir, tu ne connois rien
Qui riens vaille en nulle saison.
Or me di donc pour quel raison
Tu te venis ici enbatre.
Près va que ne te faz tant batre
D'un tinel ou d'un baston gros,
Tant que tu fusses ausi mox
Com une coille de mouton.
Ains mais, por la croiz d'un bouton,
N'oï parler de tel fouet.
Vez quel vuidéor de brouet,
Et quel humerre de henas !
A bien poi se tient que tu n'as
Du mien, se ne fust pas pechié;
Mais il ne m'ert jà reprouchié
Que tel chetif fiere ne bate,
Quar trop petit d'ennor achate

Qui sur tel chetif met sa main ;
Mais se tu venoies demain
Entre nos qui somes de geste,
Tu te plaindroies de la feste.
 Or t'en va, beax amis, va t'en :
Esté avons en autre anten.
Fu de ci, si feras que saiges,
Ou tu auras parmi les naiges
D'une grosse aguille d'acier ;
Nos ne t'en volons pas chacier
Vilenement par nostre honte :
Nos savons bien que henor monte.

La response de l'un des II Ribauz.

 Tu m'as bien dit tot ton voloir :
Or te ferai apercevoir
Que ge sai plus de toi assez,
Et si fu mieldres menestrez
De toi ; moult me vois merveillant,
Nel dirai pas en conseillant,
Ainz vueil moult bien que chacun l'oie,
Se Diex me doint henor et joie,
De tex menesterex bordons
A qui en done moult beaux dons
A haute Cort menuement ;
Qui bien sor dit et qui bien ment,
Cil est sires des chevaliers ;
Plus donnent ils as mal parliers,
As cointereax, as mentéors,

Qu'ils ne font as bons trovéors
Qui contruevent ce que il dient
Et qui de nului ne mesdient.
Assez voi souvent maint ribaut
Qui de parler se font si baut
Que ge en ai au cueur grant ire.
Et tu, bordons, que sés tu dire,
Qui por menesterel te contes ?
Sés tu ne beax diz ne beax contes
Pourquoi tu doies riens conquerre ?
De quoi sers tu aval la terre ?
Ce me devroies tu retraire.
Ge te dirai que ge sai faire :
Ge sui jougleres de vièle ;
Si sai de muse et de frestèle
Et de harpe et de chifonie,
De la gigue, de l'armonie ;
Et el salteire et en la rote
Sai-je bien chanter une note ;
Bien sai joer de l'escanbot
Et faire venir l'escharbot
Vif et saillant dessus la table,
Et si sai meint beau geu de table
Et d'entregiet et d'arrumaire
Bien sai un enchantement faire ;
Ge sai moult plus que l'en ne cuide,
Quant g'i vueil mestre mon estuide,
Et lire et chanter de clergie,
Et parler de chevalerie,
Et les prudhomes raviser,

Et lor armes bien deviser.
Ge connois Monseignor Hunaut
Et Monseignor Rogier Ertaut,
Qui porte un escu à quartiers;
Tosjors est-il sains et entiers,
Quar onques n'i ot cop feru.
Ge connois Monseignor Bégu,
Qui porte un escu à breteles
Et sa lance de .II. ateles
Au tournoiement, à la haie;
C'est li hons du mont qui mielz paie
Menesterex à haute feste.
Si connois Renaut Brise-teste,
Qui porte un chat en son escu;
Cil a u maint tornoi vaincu;
Et Monseignor Giefroi du Maine,
Qui tosjors pleure au diemaine;
Et Monseignor Gibout Cabot,
Et Monseignor Augis Rabot,
Et Monseignor Augier Poupée,
Qui à un seul coup de s'espée
Coupe bien à un chat l'oreille.
A toz vos sembleroit merveille
Se ceus voloie raconter,
Que ge conois dusqu'à la mer.
   Ge sai plus de toi quatre tanz:
Ge connoi toz les bons serjanz,
Les bons chanpions affaitiez;
Si en doi estre plus proisiez.
Ge connois Hebert Tue-Buef,

Qui à un seul coup brise un huef;
Arrache-Cuer et Runge-Foie,
Qui ne doute home que il voie,
Et Heroart et Dent de Fer,
Et Hurtaut et Tierry d'Enfer,
Abat-Paroi, fort pautonier,
Et Jocelin Torne-Mortier,
Et Ysenbart le Mauréglé,
Et Espaulart, le fils Raiché,
Et Quauquelin Abat-Paroi,
Et Brise-Barre et Godefroi,
Et Osoart et Tranche-Funde,
Et tos les bons sirjans du monde,
Et deçà et delà la mer
Vous sauroie bien aconter.
Ge sai tan et si sui itex
Ge connois toz les menestrex,
Cil qui sont plus amé à cort
Dont li granz renons partot cort.
 Ge connois Hunbaut Tranchecoste
Et Tiecelin, et Porte-Hotte,
Et Torne-Enfine et Brisevoire,
Et Bornicant, ce est la voire,
Et Fierabras et Tuterel,
Et Male Branche et Mal-Quarrel,
Songe-Feste à la grant vièle,
Et Grimoart qui chalemèle;
Tirant, Traiant et Enbatant
Des menestrex connois itant.
Qui me vorroit mestre à essai,

Que plus de mil nomer en sai.
Ge sai bien servir un prudome,
Et de beax diz toute la some;
Ge sai contes, ge sai flabeax;
Ge sai conter beax diz noveax,
Rotruenges viez et noveles,
Et sirventois et pastoreles.
Ge sai le flabel du Denier,
Et du Fouteor à loier,
Et de Gobert et de dame Erme,
Qui ainz des els ne plora lerme,
Et si sai de la Coille noire;
Si sai de Parceval l'estoire,
Et si sai du Provoire taint
Qui o les crucefiz fu painz;
Du Prestre qui menja les meures
Quant il devoit dire ses heures;
Si sai Richalt, si sai Renart,
Et si sai tant d'enging et d'art.
Ge sai joer des baasteax
Et si sai joer des costeax,
Et de la corde et de la fonde,
Et de toz les beax giex du monde.
Ge sai bien chanter à devise
Du roi Pepin de S. Denise;
Des Loherans tote l'estoire
Sai-ge par sens et par memoire;
De Charlemaine et de Roulant
Et d'Olivier le conbatant.
Ge sai d'Ogier, ge sai d'Aimmoin

Et de Girart de Roxillon,
Et si sai du roi Loeis,
Et de Buevon de Conmarchis
De Foucon et de Renoart,
De Guielin et de Girart,
Et d'Orson de Beauvez la some;
Si sai de Florance de Rome,
De Ferragu à la grant teste;
De totes les chançons de geste
Que tu sauroies aconter
Sai ge par cuer dire et conter;
Ge sai bien la trompe bailler,
Si sai la chape au cul tailler,
Si sai porter consels d'amors
Et faire chapelez de flors
Et çainture de druerie
Et beau parler de cortoisie
A ceus qui d'amors sont espris,
Et tu donc cuides avoir pris !
 Ne parle mais là ou ge soie,
Mais fui de ci et va ta voie.
Va aprendre, si feras bien,
Qui, contre moi, ne sez tu rien.
 Beax seignor, vos qui estes ci,
Qui nos parole avez oï,
Se j'ai auques mielz dit de li,
A toz ge vos requier et pri
Que le metez fors de céanz,
Qui bien pert que c'est .I. noienz.
 Explicit des .II. Troveors.

II

DES TROIS BOÇUS.

(PAR DURAND.)

Manuscrit F. Fr, n° 837, fol. 234 v° à 240 r°.

SEIGNOR, se vous volez atendre
Et .I. seul petitet entendre,
Jà de mot ne vous mentirai,
Mès tout en rime vous dirai
D'une aventure le fablel.
    Jadis avint à .I. chastel,
Mès le non oublié en ai,
Or soit aussi comme à Douay,
.I. borgois i avoit manant,
Qui du sien vivoit belemant.
Biaus hom ert, et de bons amis,
Des borgois toz li plus eslis,
Mès n'avoit mie grant avoir;
Si s'en savoit si bien avoir
Que moult ert créuz par la vile.
Il avoit une bele fille,
Si bele que c'ert uns delis,
Et, se le voir vous en devis,
Je ne cuit qu'ainz féist Nature
Nule plus bele créature.

De sa biauté n'ai or que fère
A raconter ne à retrère,
Quar, se je mesler m'en voloie,
Assez tost mesprendre i porroie;
Si m'en vient miex tère orendroit
Que dire chose qui n'i soit.
 En la vile avoit .I. boçu,
Onques ne vi si malostru ;
De teste estoit moult bien garnis
Je cuit bien que Nature ot mis
Grant entencion à lui fère.
A toute riens estoit contrère ;
Trop estoit de laide faiture ;
Grant teste avoit et laide hure,
Cort col, et les espaules lées,
Et les avoit haut encroées.
De folie se peneroit
Qui tout raconter vous voudroit
Sa façon ; trop par estoit lais.
Toute sa vie fu entais
A grant avoir amonceler ;
Por voir vous puis dire et conter,
Trop estoit riches durement,
Se li aventure ne ment.
En la vile n'ot si riche homme ;
Que vous diroie ? c'est la somme.
Du boçu, coment a ouvré.
Por l'avoir qu'il ot amassé
Li ont donée la pucele
Si ami, qui tant estoit bele ;

Mès, ainz puis qu'il l'ot espousée
Ne fu il .I. jor sanz penssée,
Por la grant biauté qu'ele avoit;
Li boçus si jalous estoit
Qu'il ne pooit avoir repos.
Toute jor estoit ses huis clos;
Jà ne vousist que nus entrast
En sa meson, s'il n'aportast,
Ou s'il emprunter ne vousist :
Toute jor à son sueil séist,
Tant qu'il avint à un Noel
Que .III. boçu menesterel
Vindrent à lui où il estoit;
Se li dist chascuns qu'il voloit
Fere cele feste avoec lui,
Quar en la vile n'a nului
Où le déussent fere miex,
Por ce qu'il ert de lor pariex,
Et boçus ausi come il sont.
Lors les maine li sire amont,
Quar la meson est à degrez;
Li mengiers estoit aprestez;
Tuit se sont au disner assis,
Et, se le voir vous en devis,
Li disners est et biaus et riches :
Li boçus n'ert avers ne chiches,
Ainz assist bien ses compaignons;
Pois au lart orent et chapons.
Et, quant ce vint après disner,
Si lor fist li sires doner,

Aus .III. boçus, ce m'est avis,
Chascun .XX. sols de parisis,
Et après lor a deffendu
Qu'il ne soient jamès véu
En la meson, ne el porpris;
Quar, s'il i estoient repris,
Il auroient .I. baing cruel
De la froide eve du chanel.
La meson ert sor la rivière,
Qui moult estoit granz et plenière;
Et, quant li boçu l'ont oï,
Tantost sont de l'ostel parti
Volentiers, et à chière lie,
Quar bien avoient emploïe
Lor journée, ce lor fu vis.
Et li sires s'en est partis,
Puis est deseur le pont venuz.
La dame, qui ot les boçuz
Oï chanter et solacier,
Les fist toz .III. mander arrier,
Quar oïr les voloit chanter;
Si a bien fet les huis fermer.
Ainsi com li boçu chantoient
Et o la dame s'envoisoient,
Ez-vos revenu le seignor,
Qui n'ot pas fet trop lonc demor;
A l'uis apela fierement.
La dame son seignor entent,
A la voiz le conut moult bien;
Ne sot en cest mont terrien

Que péust fère des boçuz,
Ne comment il soient repus.
.I. chaaliz ot lez le fouier.
C'on soloit fère charriier;
El chaaliz ot .III. escrins.
Que vous diroie ? c'est la fins,
En chascun a mis .I. boçu.
Es-vous le seignor revenu,
Si s'est delez la dame assis,
Qui moult par séoit ses delis;
Mès il n'i sist pas longuement ;
De léenz ist, et si descent
De la meson, et si s'en va.
 A la dame point n'anuia
Quant son mari voit avaler.
Les boçus en vout fère aler,
Qu'ele avoit repus ès escrins;
Mès toz .III. les trova estins,
Quant ele les escrins ouvri.
De ce moult forment s'esbahi,
Quant les .III. boçus mors trova;
A l'uis vint corant, s'apela
.I. porteur qu'ele a avisé;
A soi l'a la dame apelé.
Quant li bachelers l'a oie,
A li corut; n'atarja mie.
« Amis, dist-ele, enten à moi :
Se tu me veus plevir ta foi
Que tu jà ne m'encuseras
D'une rien que dire m'orras,

Moult sera riches tes loiers;
.XXX. livres de bons deniers
Te donrai, quant tu l'auras fet. »
Quant li portères ot tel plet,
Fiancié li a volentiers,
Quar il covoitoit les deniers,
Et s'estoit auques entestez;
Le grant cors monta les degrez.
 La dame ouvri l'un des escrins :
« Amis, ne soiez esbahis,
Cest mort en l'eve me portez,
Si m'aurez moult servi à grez. »
.I. sac li baille, et cil le prant;
Le boçu bouta enz errant,
Puis si l'a à son col levé;
Si a les degrez avalé;
A la riviere vint corant;
Tout droit sor le grant pont devant,
En l'eve geta le boçu;
Onques n'i a plus atendu,
Ainz retorna vers la meson.
 La dame a ataint du leson
L'un des boçus à moult grant paine;
A poi ne li failli l'alaine;
Moult fu au lever traveillie;
Puis s'en est .I. pou esloingnie.
Cil revint arrière eslessiez;
« Dame, dist-il, or me paiez;
Du nain vous ai bien délivrée.
— Por quoi m'avez-vous or gabée,

Dist cele, sire fols vilains ?
Jà est ci revenuz li nains;
Ainz en l'eve ne le getastes;
Ensamble o vous le ramenastes.
Véz le là, se ne m'en créez.
— Comment, .C. déables mauféz,
Est-il donc revenuz céanz ?
Por lui sui forment merveillanz;
Il estoit mors, ce m'est avis;
C'est un déables antecris,
Mais ne li vaut, par saint Remi. »
A tant l'autre boçu saisi,
El sac le mist, puis si le lieve
A son col, si que poi li grieve;
De la meson ist vistemant :
Et la dame tout maintenant
De l'escrin tret le tiers boçu;
Si l'a couchié delez le fu;
Atant s'en est vers l'uis venue.
 Li porterres en l'eve rue
Le boçu la teste desouz :
« Alez, que honis soiez-vous,
Dist-il, se vous ne revenez. »
Puis est le grant cors retornez,
A la dame dist que li pait.
Et cele, sanz nul autre plait,
Li dist que bien li paiera.
Atant au fouier le mena,
Ausi com se rien ne séust
Du tiers boçu qui là se jut.

« Voiés, dist-ele, grant merveille.
Qui oï ainc mès la pareille ?
Revéz là le boçu où gist. »
Li bachelers pas ne s'en rist,
Quant le voit gesir lès le fu.
« Voiz, dist-il, par le saint cueur bu,
Qui ainc mès vit tel menestrel ?
Ne ferai-je dont huimès el
Que porter ce vilain boçu ?
Toz jors le truis ci revenu,
Quant je l'ai en l'eve rué. »
Lors a le tiers ou sac bouté ;
A son col fierement le rue ;
D'ire et de duel, d'aïr tressue.
A tant s'en torne iréement ;
Toz les degrez aval descent ;
Le tiers boçu a descarchié ;
Dedenz l'eve l'a balancié :
« Va-t'en, dist-il, au vif maufé,
Tant t'averai hui conporté ;
Se te voi mès hui revenir,
Tu vendras tart au repentir.
Je cuit que tu m'as enchanté ;
Mès, par le Dieu qui me fist né,
Se tu viens meshui après moi
Et je truis baston ou espoi,
Jel te donrai el haterel,
Dont tu auras rouge bendel. »
   A icest mot est retornez,
Et fust en la meson montez ;

Ainz qu'éust les degrez monté,
Si a derrier lui regardé,
Et voit le seignor qui revient.
Li bons hon pas à geu nel tient;
De sa main s'est trois foiz sainiéz,
Nomini Dame Diex aidiéz;
Moult li anuie en son corage.
« 'Par foi, dist-il, cis a la rage
Qui si près des talons me siut
Que par poi qu'il ne me consiut.
Par la roele saint Morant,
Il me tient bien por païsant,
Que je nel puis tant comporter
Que jà se vueille deporter
D'après moi adès revenir. »
Lors cort à ses deux poins sesir
.I. pestel qu'à l'uis voit pendant,
Puis revint au degré corant.
Li sires ert jà près montez :
« Comment, sire boçus, tornez ?
Or me samble ce enresdie;
Mès, par le cors sainte Marie,
Mar retornastes ceste part;
Vous me tenez bien por musart. »
Atant a le pestel levé,
Si l'en a .I. tel cop doné
Sor la teste, qu'il ot moult grant,
Que la cervele li espant;
Mort l'abati sor le degré,
Et puis si l'a ou sac bouté;

D'une corde la bouche loie;
Le grand cors se met à la voie;
Si l'a en l'eve balancié
A tout le sac qu'il ot lié;
Quar paor avoit durement
Qu'il encor ne l'alast sivant.
« Va jus, dist-il, à maléur;
Or cuit-je estre plus asséur
Que tu ne doies revenir,
Si verra l'en les bois foillir. »
A la dame s'en vint errant;
Si demande son paiemant,
Que moult bien a son comant fet.
La dame n'ot cure de plet;
Le bacheler paia moult bien
.XXX. livres; n'en falut rien;
Trestout à son gré l'a paié,
Qui moult fu lie du marchié;
Dist que fet a bone jornée,
Despuis que il l'a délivrée
De son mari, qui tant ert lais.
Bien cuide qu'ele n'ait jamais
Anui, nul jor qu'ele puist vivre,
Quant de son mari est delivre.
  Durans, qui son conte define,
Dist c'onques Diex ne fist meschine
C'on ne puist por denier avoir;
Ne Diex ne fist si chier avoir,
Tant soit bons ne de grant chierté,
Qui voudroit dire verité,

Que por deniers ne soit éus.
Por ses deniers ot li boçus
La dame qui tant bele estoit.
Honiz soit li hons, quels qu'il soit,
Qui trop prise mauvès deniers,
Et qui les fist fère premiers.

   Amen.

Explicit des .III. Boçus menesterels.

III

DU VAIR PALEFROI.

(PAR HUON LE ROY.)

Manuscrit F. Fr., n° 837.

Por remembrer et por retrère
Les biens c'on puet de fame trère
Et la douçor et la franchise,
Est iceste œuvre en escrit mise;
Quar l'en doit bien ramentevoir
Les biens c'on i puet parcevoir.
Trop sui dolenz et molt m'en poise
Que toz li mons nes loe et proise
Au fuer qu'eles estre déussent;
Ha! Diex, s'eles les cuers éussent
Entiers et sains, verais et fors,
Ne fust el mont si granz tresors.
C'est granz domages et granz dels
Quant eles ne se gardent miex :
A poi d'aoite sont changies
Et tost muées et plessies.
Lor cuer samblent cochet au vent;
Quar avenir voit-on souvent

Qu'en poi d'eure sont leur corages
Muez plus tost que li orages.
  Puis qu'en semonsse m'a l'en mis
De ce dont me sui entremis,
Jà ne lerai por les cuivers
Qui les corages ont divers,
Et qui sont envieus sor ceus
Qui les cueurs ont vaillanz et preus,
Que ne parfornisse mon poindre
Por moi aloser et espoindre.
En ce lay du Vair Palefroi
Orrez le sens HUON LEROI
Auques regnablement descendre ;
Por ce que réson sot entendre,
Il veut de ses dis desploier,
Que molt bien les cuide emploier.
  Or redit c'uns chevaliers preus,
Cortois et bien chevalereus,
Riches de cuer, povres d'avoir,
Issi com vous pourrez savoir,
Mest en la terre de Champaigne ;
Droiz est que sa bonté empaingne
Et la valeur dont fu espris ;
En tant mains leus fu de grant pris,
Quar sens et honor et hautece
Avoit, et cuer de grant proesce ;
S'autretant fust d'avoir seurpris
Comme il estoit de bien espris,
Por qu'il n'empirast por l'avoir,
L'en ne péust son per savoir,

Son compaignon ne son pareil ;
Et au recorder m'apareil,
Por ce que l'uevre d'un preudome
Doit-on conter jusqu'en la some,
Por prendre example bel et gent ;
Cil estoit loez de la gent.
 Tout là où il estoit venuz
Si estoit son priz connéuz,
Que cil qui ne le connoissoient,
Por les biens qui de lui nessoient
En amoient la renomée.
Quant il avoit la teste armée,
Quant il ert au tornoiement
N'avoit soing de dosnoiement,
Ne de jouer à la forclose ;
Là où la presse ert plus enclose
Se féroit tout de plain eslais.
Il n'estoit mie aus armes lais,
Quant sor son cheval ert couvers ;
Ne fust jà si pleniers yvers
Que il n'éust robe envoisie,
S'en estoit auques achoisie
L'envoiséure de son cuer ;
Mès terre avoit à petit fuer,
Et molt estoit biaus ses confors.
Plus de .CC. livres de fors
Ne valoit pas par an sa terre ;
Par tout aloit por son pris querre.
 Adonc estoient li boschage
Dedenz Champaingne plus sauvage,

Et li païs, que or ne soit.
Li chevaliers adonc penssoit
A une amor vaillant et bele
D'une très haute damoisele.
Fille ert à .I. prince vaillant;
Richece n'alloit pas faillant
En lui, ainz ert d'avoir molt riches,
Et si avoit dedenz ses liches.
.M. livres valoit bien sa terre
Chascun an, et sovent requerre
Li venoit on sa fille gente,
Quar à tout le mont atalente
La grant biauté qu'en li avoit.
Li princes plus d'enfans n'avoit,
Et de fame n'avoit-il mie :
Usée estoit auques sa vie;
En .I. bois estoit son recet;
Environ fu granz la forest.
 L'autre chevalier dont je di
A la damoisele entendi
Qui fille au chevalier estoit;
Mès li pères li contrestoit;
Si n'avoit cure que l'amast
Ne que de lui le renomast.
Li jones chevaliers ot non
Messire Guillaume à droit non.
En la forest ert arestanz
Là où li anciens mananz
Avoit la seue forterèce
De grant terre et de grant richèce;

.II. liues ot de l'un manoir
Jusqu'à l'autre; mès remanoir
Ne pot l'amor d'ambesdeus pars;
Lor penssé n'erent mie espars
En autre chose maintenir :
Et, quant li chevaliers venir
Voloit à cele qu'il amoit,
Por ce que on l'en renomoit,
Avoit en la forest parfonde,
Qui granz estoit à la roonde,
Un sentier fet, qui n'estoit mie
Hantez d'ome qui fust en vie
Se de lui non tant seulement.
Par là aloit celéement
Entre lui et son palefroi,
Sanz demener noise n'effroi,
A la pucele maintes foiz.
Mès molt estoit granz li defoiz,
Quar n'i pooit parler de près;
Si en estoit forment engrès,
Que la cort estoit molt fort close.
La pucele n'ert pas si ose
Qu'ele de la porte issist fors;
Mès de tant ert bons ses confors
Qu'à lui parloit par mainte foiz
Par une planche d'un defoiz.
Li fossez est granz par defors,
Li espinois espès et fors;
Ne se pooient aprochier :
La meson ert sor .I. rochier,

Qui richement estoit fermée;
Pont levéis ot à l'entrée,
Et li chevaliers anciens,
Qui engingneus ert de toz sens
Et qui le siècle usé avoit,
De son ostel pou se mouvoit,
Quar ne pooit chevauchier mais,
Ainz sejornoit léenz en pais.
Sa fille faisoit près gaitier,
Et devant lui por rehaitier
Séoit, sovent ce poise li,
Quar au déduit avoit failli
Où son cuer ert enracinez.
Li chevaliers preus et senez
N'oublioit pas à li la voie;
Ne demande mès qu'il la voie.

 Quant il voit qu'autre ne puet estre,
Molt revidoit sovent son estre,
Mès ne pooit dedenz entrer.
Cele c'on fesoit enserrer
Ne véoit mie de si près
Comme son cuer en ert engrès.
Sovent la venoit revider,
Nel pooit gueres resgarder;
El ne se puet en cel lieu traire
Que li chevaliers son viaire
Péust véoir tout en apert :
Chascuns dit bien que son cuer pert.

 Li chevaliers qui tant devoit
Celi amer, qui tant avoit

En li de bien à grant merveille
Que on ne savoit sa pareille,
Avoit .I. palefroi molt riche,
Ainsi com li contes afiche :
Vairs ert et de riche color;
La sanblance de nule flor
Ne color c'on séust descrire
Ne sauroit pas nus hom eslire
Qui si fust propre en grant biauté;
Sachiez qu'en nule réauté
N'en avoit nus à icel tans
Si bon, ne si souef portans.
Li chevaliers l'amoit forment,
Et si vous di veraiement
Qu'il nel donast por nul avoir.
Longuement li virent avoir
Cil du païs et de la terre.
Dessus le palefroi requerre
Aloit sovent la damoisele
Par la forest soutaine et bele,
Où le sentier batu avoit
Que nus el monde ne savoit
Fors que lui et son palefroi.
Ne menoit pas trop grant effroi
Quant s'amie aloit revider;
Molt près li convenoit garder
Que parcéus ne fust du père,
Quar molt li fust la voie amère.
 Toz jors menoient cele vie
Que l'uns de l'autre avoit envie :

Ne se pooient aaisier
Ne d'acoler ne de baisier.
Je vous di bien, se l'une bouche
Touchast à l'autre, molt fust douce
De l'acointance de ces .II.
Par estoit molt ardanz li feus
Qu'il ne pooit por riens estaindre;
Quar, s'il se péussent estraindre
Et acoler et embrachier,
Et l'uns l'autre ses braz lacier
Entor les cols si doucement,
Com volentez et penssement
Avoient et grant desirrier,
Nus hom ne les péust irier,
Et fust lor joie auques parfète;
Mès de ce ont trop grant souffrète
Qu'il ne se pueent solacier,
Ne li uns vers l'autre touchier.
 Petit se pueent conjoïr
Fors que de parler et d'oïr;
Li uns voit l'autre escharsement,
Quar trop cruel devéement
Avoit entre ces deus amanz.
Ele estoit son père cremanz,
Quar, s'il lor couvine séust,
Plus tost mariée l'éust;
Et li chevaliers ne volt fère
Chose par c'on péust deffère
L'amor qui entr'aus .II. estoit,
Quar l'ancien forment doutoit,

Qui riches ert à desmesure;
N'i voloit querre entreprisure.
  Li chevaliers se porpenssa,
Un jor et autre molt penssa
A la vie qu'il demenoit,
Quar molt sovent l'en souvenoit.
Venu li est en son corage
Ou soit à joie, ou soit à rage,
Qu'à l'ancien parler ira,
Et sa fille li requerra
A moillier, que que il aviegne,
Quar il ne set que il deviengne
Por la vie que il demaine.
Trestoz les jors de la semaine
Ne puet avoir ce qu'il convoite,
Quar trop li est la voie estroite.
.I. jor s'apresta de l'aler;
A l'ancien ala parler
Au leu tout droit où il manoit,
Là où la damoisele estoit.
Assez i fu bien recéus,
Quar molt estoit bien connéus
De l'ancien et de ses genz;
Et cil, qui ert et preus et genz
Et emparlez comme vaillanz
En qui nus biens n'estoit faillanz,
Lui a dit : « Sire, je suis ci
Venus; par la votre merci
Or entendez à ma reson.
Je sui en la vostre meson

Venuz requerre tel afère
Dont Diex vous lest vers moi don fère.»
Li anciens le regarda,
Et puis après li demanda :
« Que est-ce dont? dites le moi;
Je vous en aiderai, par foi,
Se, sauve m'onor, le puis fère.
— Oïl, Sire, de vostre afère
Sai tant que fère le poez;
Or doinst Diex que vous le loez.
— Si ferai-je, se il me siet;
Et, se riens nule me messiet,
Bien i saurai contredit metre;
Ne du doner ne du prometre
Ne vous sauroie losengier,
Se bien ne le vueil otroier.
— Sire, dist-il, je vous dirai
Quel don je vous demanderai.
Vous savez auques de mon estre;
Bien connéustes mon ancestre
Et mon recet et ma meson,
Et bien savez en quel seson
Et en quel point je me déduis;
En guerredon, sire, vous ruis
Vostre fille, se il vous plest.
Diex doinst que pensser ne vous lest
Destorber le vostre corage
Que vous cest don, par mon outrage
Que j'ai requis, ne me faciez;
Et si vueil bien que vous sachiez

C'onques ne fui jor ses acointes;
Quar molt en fusse baus et cointes
Se je à li parlé éusse,
Et les granz biens aparcéusse
De qoi ele a grant renommée.
Molt est en cest païs amée
Por les granz biens qui en li sont;
Il n'a son pareil en cest mont.
Ce me content tuit si acointe,
Mès à petit de genz s'acointe,
Por ce qu'ele est céenz enclose.
La penssée ai éu trop ose
Quant demander la vous osai,
Et, se je de vous le los ai
Que m'en daingniez fère le don
En service et en guerredon ;
Baus et joianz forment en ière.
Or vous ai dite ma proière,
Responez m'en vostre plesir. »
Li anciens, sanz nul loisir
Et sanz conseil qu'en vousist prendre,
Li respondi : « Bien sai entendre
Ce que m'avez conté et dit.
Il n'i a mie grant mesdit;
Ma fille est bele et jone et sage
Et pucele de grant lingnage,
Et je suis riches vavassors,
Estrais de nobles ancissors;
Si vaut bien ma terre .M. livres
Chascun an ; ne sui pas si yvres

Que je ma fille doner doie
A chevalier qui vit de proie;
Quar je n'ai plus d'enfanz que li;
Si n'a pas à m'amor failli,
Et après moi sera tout sien;
Je la voudrai marier bien;
Ne sai prince dedenz cest raine,
Ne de ci jusqu'en Loheraine,
Qui tant soit preudom et senez
Ne fust en li bien assenez.
Tels le me requist avant ier,
N'a pas encore .I. mois entier,
Qui de terre a .V^c. livrées,
Qui or me fussent delivrées
Se je à ce vousisse entendre;
Mès ma fille puet bien atendre,
Que je sui tant d'avoir seurpris,
Qu'ele ne puet perdre son pris
Ne le fuer de son mariage.
Le plus haut home de lingnage
Qui en trestout ces païs maingne,
Ne de ci jusqu'en Alemaingne,
Puet bien avoir, fors roi ou conte. »
   Li chevaliers ot molt grant honte
De ce que il ot entendu :
Il n'i a lors plus atendu,
Ainz prist congié, si s'en repère;
Mès il ne set qu'il puisse fère,
Quar amors le maine et destraint,
De qoi molt durement se plaint.

La pucele sot l'escondit
Et ce que ses pères ot dit;
Dolente en fu en son corage.
S'amor n'estoit mie volage,
Ainz ert envers celui entire
Assez plus c'on ne sauroit dire.
Ainz que cil s'en fust reperiez,
Qui de grant duel estoit iriez,
Parlèrent par defors ensamble;
Chascuns a dit ce qu'il li samble.
Li chevaliers li a conté
La novele qu'il a trové
A son père et la descordance :
« Damoisele gentil et franche,
Dist li chevaliers, que ferai?
La terre, ce cuit, vuiderai;
Si m'en irai toz estraiers,
Quar alez est mes desirriers;
Ne porrai à vous avenir,
Ne sai que puisse devenir :
Mar acointai la grant richoise
Dont vostre pères si se proise;
Miex vous amaisse à mains de pris,
Quar vostre père éust bien pris
En gré ce que je puis avoir,
S'il ne fust si riches d'avoir.
— Certes, fet-ele, je voudroie
Avoir assez mains que ne doie,
S'il fust selonc ma volenté;
Sire, s'à la vostre bonté

Vousist mon père prendre garde,
Par foi, n'éusse point de garde
Que vous à moi n'avenissiez,
Et qu'à son acort ne fussiez;
S'il contrepesast vo richece
Encontre vostre grant proece,
Bien déust graer le marchié.
Mès il a de cuer sens chargié;
Il ne veut pas ce que je vueil,
Ne se deut pas où je me dueil.
S'il s'accordast à ma penssée,
Tost fust la chose créantée;
Mès cuers qui gist en la viellèce
Ne pensse pas à la jonèce
Ne au voloir de jone éage;
Grant difference a el corage
De viel au jone, ce m'est vis.
Mès, se vous fetes mon devis,
Ne porrez pas faillir à moi.
— Oïl, damoisele, par foi,
Fet li chevaliers, sanz faillance
Or me dites vostre voillance.
— Or me sui, fet ele, apenssée
D'une chose à qoi ma penssée
A sejorné molt longuement.
Vous savez bien certainement
C'un oncle avez qui molt est riches;
Fort manoir a dedenz ses liches;
N'est pas mains riches de mon père;
Il n'a enfant, fame ne frère,

Ne nul plus prochain oir de vous;
Ce set on bien tout à estrous
Que tout ert vostre après sa fin;
Plus de .LX. mars d'or fin
Vaut ses tresors avoec sa rente.
Or i alez sans nule atente;
Viex est et frailes, ce savez;
Dites lui bien que vous avez
Tel parole à mon père prise,
Que jà ne sera à chief mise
Se il ne s'en vuet entremetre;
Mès, se il vous voloit promettre
.CCC. livrées de sa terre,
Et mon père venist requerre
Icest afère, qui molt l'aime,
Li uns l'autre preudomme claime,
Vos oncles tient mon père à sage;
Ancien sont, de grant aage,
Li uns croit l'autre durement,
Et se voz oncles bonement
Voloit tant por vostre amor fère
Qu'à ce le péussiez atrère
Que tant du sien vous proméist,
Et qu'il à mon pere déist :
« Mon neveu erent delivrées
« De ma terre .CCC. livrées
« Por vostre fille qu'il aura, »
Li mariages bien sera.
Je croi bien qu'il otrieroit
Quant si vostre oncle li diroit;

Et, quant espousée m'aurez,
Toute sa terre li rendrez
Qu'il vous auroit ainsi promise.
En vostre amor me sui tant mise
Que molt me pleroit li marchiez.
— Bele, fet-il, de voir sachiez
C'onques riens tant ne desirrai ;
Droit à mon oncle le dirai. »
   Congié a pris, si s'en retorne ;
Penssée ot molt obscure et morne
Por l'escondit c'on li ot fait.
Par la forest chevauchant vait,
Et sist sor son vair palefroi.
Molt est entrez en grant effroi,
Mès molt est liéz en son corage
De cest conseil honest et sage
Que la pucele li a dit.
Alez s'en est senz contredit
A Medet, où son oncle maint.
Venuz i est, mès molt se plaint
A lui, mès molt se desconforte.
En une loge sor la porte
S'en sont alé privéement ;
Son oncle conta bonement
Son convenant et son afère.
« Oncles, se tant voliiez fère,
Fet-il, que vous en parlissiez,
Et qu'en convenant m'éussiez
.CCC. livrées de vo terre,
Je vous créanterai sanz guerre

Et fiancerai maintenant,
Ma main en la vostre tenant,
Que, luès que j'aurai espousée
Cele c'on m'a or refusée,
Que vous r'aurez vo terre quite
Por guerredon et por merite;
Or fetes ce que vous requiers.
— Niéz, fet li oncles, volentiers,
Quar molt me plest et molt m'agrée;
Au miéz de toute la contrée
Serez mariez, par mon chief,
Et j'en cuit bien venir à chief.
— Oncles, dist-il, or esploitiez
Ma besoigne, et si l'acoitiez
Qu'il n'i ait fors de l'espouser,
Quar ne vueil plus mon tens user,
Et g'irai au tournoiement.
Atornez serai richement;
Li tornois ert à Galardon,
Et Diex m'otroit en guerredon
Que je le puisse si bien fère
Que proisiez en soit mon afère;
Et vous penssez de l'esploitier,
Qu'espouser puisse au repérier.
— Molt volentiers, fet-il, biaus niéz;
De la novele sui molt liéz,
Quar ele est molt gentiz et franche. »
Lors s'en torna sanz demorance
Mesires Guillaume errant;
Lors maine joie molt très grant

Por ce que ses oncles a dit
Que il aura, sanz contredit,
A fame cele qu'il desirre;
Autre joie ne veut eslirre.
Espris de joie molt forment
S'en ala au tournoiement
Com cil qui coustumiers en ert.
　Et lendemain, quand jors apert,
Monta ses oncles, lui septime,
Et vint devant eure de prime
Là où li anciens manoit,
Qui riches manssions tenoit,
Et qui pères ert à celi
Qui a biauté n'ot pas failli.
Recéus fu molt hautement.
Li anciens l'amoit forment,
Quar son per de viellèce estoit
Et assez près de lui manoit;
Riches estoit de grant pooir;
De ce qu'il l'ert venuz véoir
Demaine joie et grant léèce,
Quar il estoit de grant hautèce.
Li anciens li sot bien dire :
« Bien soiez-vous venuz, biaus sire. »
Aprestez fu li mengiers granz.
Li anciens gentiz et franz
Estoit de cuer, et si savoit
Bien honorer ce qu'il devoit.
　Quant les tables furent ostées,
Dont furent paroles contées

Et ancienes acointances
D'escuz, d'espées et de lances,
Et de toz les anciens fais
Fu mains biaus moz iluec retrais.
Li oncles au buen chevalier
Ne se volt pas trop oublier,
Ainz a son penssé descouvert.
A l'ancien dist en apert :
« Qu'iroie-je, fet-il, contant ?
Si m'aït Diex, je vous aim tant
Com vous porrez aparcevoir.
A vous sui venuz por véoir
Et por enquerre une besoingne ;
Dieu pri que corage vous doingne
Qu'entendue soit ma proière
En tel point et en tel manière
Que j'en puisse venir à chief. »
Li anciens dist : « Par mon chief,
Je vous pris tant en mon corage
Que por souffrir trop grant malage
Ne vous sera chose véée
Qui de par vous me soit rouvée,
Ainz vous en ert graez li dons.
— Sire, merciz et guerredons
Vous en vueil molt volentiers rendre,
Fet li viellars, qui plus atendre
Ne veut de sa parole dire ;
Venuz sui demander, biaus sire,
Vostre fille, qui molt est sage ;
Prendre la vueil par mariage ;

Ainçois que je l'aie espousée
Ert de ma garison doée,
Que riches sui à grant pooir.
Vous savez bien que je n'ai oir
Nul de ma char, ce poise moi;
Je li serai de bone foi,
Quar je sui cil qui molt vous prise.
Quant je vostre fille aurai prise,
Jà ne me quier de vous partir
Ne ma richèce départir
De la vostre, ainçois soit tout .I.
Ensanble serons de commun
De ce que Diex nous a doné. »
Cil, qui molt ot le cuer sené,
Fu molt joianz; se li a dit :
« Sire, fet-il, sanz contredit
La vous donrai molt volentiers,
Quar preudom estes et entiers.
Liéz sui quant le m'avez requise;
Qui le meillor chastel de Frise
Me donast, n'éusse tel joie.
A nului, Sire, ne tendoie
Si de cuer de son mariage
Comme à vous; quar preudom et sage
Vous ai en trestoz poins trouvé
Que j'ai vostre afère esprové. »
   Lors a fiancie et plevie
Celi qui n'a de lui envie,
Et qui cuidoit autrui avoir.
Quant la pucèle en sot le voir,

S'en fu dolente et esmarie ;
Sovent jura Sainte Marie
Que jà de lui n'ert espousée.
Molt ert dolente et esplorée,
Et molt sovent se desconforte :
« Lasse, dolente, com sui morte !
Quel trahison a cil viex fète !
Comme auroit or la mort forfète !
Comme a decéu son neveu,
Le gentil Chevalier et preu
Qui tant est plains de bonne tèche,
Et cil viellars par sa richèce
A jà de moi reçu le don :
Diex l'en rende son guerredon !
Entremis s'est de grant folie ;
Jamès nul jor ne serai lie ;
S'anemie mortel aura
Le jor que il m'espousera.
Comment verrai-je jà le jor !
Naie ! jà Diex si lonc sejor
Ne me doinst que véir le puisse !
Or a ci duel et grant anguisse,
Ainz mès n'oï tel trahison.
Se je ne fusse en tel prison,
Bien achevaisse ceste afère ;
Mès je ne puis nule rien fère,
Ne fors issir de cest manoir ;
Or me convendra remanoir
Et souffrir ce que veut mon père ;
Mès la souffrance est trop amère.

Ha! Diex, que porrai devenir,
Et quant porra çà revenir
Cil qui trahis est laidement !
Se il savoit certainement
Comment son oncle l'a bailli
Et ce qu'il a à moi failli,
Bien sai que sanz joie morroie
Et que sanz vie remaindroie ;
Et s'il le séust, par mon chief,
Je cuit qu'il en venist à chief ;
Mes granz anuis fust achevez.
Diex, com mes cuers est agrevez !
Miex ameroie mort que vie.
Quel trahison et quel envie !
Comment l'osa cis viex pensser ?
Nus ne me puet vers lui tensser,
Quar mon père aime convoitise,
Qui trop le semont et atise.
Fi de viellèce, fi d'avoir !
Jamès ne porra nus avoir
Fame qui soit haute ne riche,
Se grans avoir en lui ne nice.
Haïr doi l'avoir qui me part
De celui là où je claim part,
Et qui me cuide avoir sanz faille ;
Mès or m'est vis que je i faille. »
  La pucèle se dementoit
En icel point, quar molt estoit
A grant mesaise, ce sachiez,
Quar son cuer ert si enlaciez

En l'amor au bon bacheler
Qu'à grant peine s'en puet celer
Ce qu'ele pensse envers nului,
Et autrement rehet celui
A cui son père l'a donée.
Estre cuide mal assenée,
Que molt est viex, de grant aage;
Si a froncié tout le visage,
Et les iex rouges et mauvais;
De Chaalons dusqu'à Biauvais
N'avoit chevalier en toz sens
Plus viel de lui, ne jusqu'à Sens
N'avoit plus riche, ce dist-on ;
Mès à cuivert et à felon
Le tenoit on en la contrée;
Et cele estoit si enflambée
De grant biauté et de valor,
C'on ne savoit si bele oissor,
Ne si cortoise ne si franche
Dedenz la corone de France.
Mès diverse ert la partéure,
D'une part clère, d'autre obscure;
N'a point d'oscur en la clarté,
Ne point de cler en l'oscurté.
Molt s'amast miex en autre point
Cele qui amors grieve et point.
Et cil qui plevie l'avoit,
Et qui de li grant joie avoit,
A bien devisé son afère
Et pris terme des noces fère,

Com cil qui n'ert en soupeçon
Ne savoit mie la tençon
Ne le duel que cele menoit,
Qu'amors en tel point la tenoit
Com vous m'avez oï conter.
  Ne vous doi mie forconter
Le termine du mariage.
Cil, qui furent preudome et sage,
S'en apresterent richement.
Li anciens certainement,
Ainz que le tiers jor fust venuz,
Manda les anciens chenuz,
Cels que il savoit plus senez,
De la terre et du païs nez,
Por estre au riche mariage
De sa fille, qui son corage
Avoit en autre lieu posé.
Au bon chevalier alosé
Avoit son cuer mis et s'entente ;
Mès or voit bien que sans atente
Est deçéue et engingnie.
Assamblé ont grant compaignie
Li dui chevalier ancien.
Par le païs le sorent bien
Tuit li preudome ancienor ;
Venu i furent li plusor ;
Si en i ot bien jusqu'à .XXX.
N'i ot celui ne tenist rente
De l'ancien et garison,
Venu furent en sa meson.

La parole ont si devisée
Que la pucele ert espousée,
Ce dient tuit, à l'ajorner.
Si la commandent atorner
Aus damoiseles qui la gardent,
Et qui le jor et l'eure esgardent,
Dont eles sont forment iries ;
S'en font chières molt esmaïes.
    Li anciens a demandé
A celes qu'il ot commandé
Se sa fille est toute aprestée,
Et se de rien est effraée,
Et s'il i faut riens qu'avoir doie.
« Nenil, biaus sire, que l'en voie,
Respont une de ses puceles,
S'avions palefrois et seles
Por nous porter au moustier toutes,
Dont i aura, je cuit, granz routes
De parentes et de cousines
Qui ci nous sont bien près voisines. »
Cil li respont : « De palefroiz
Ne somes pas en granz effroiz ;
Je cuit que assez en auron. »
En la contrée n'a baron
A cui l'en n'ait le sien mandé,
Et cil cui on ot commandé
En est alez sanz demorance
A l'ostel celui qui vaillance
Avoit en son cuer enterine ;
C'est cil qui proesce enlumine.

Guillaume, qui preus fu et sages,
Ne cuidoit que li mariages
Fust porparlez en itel point;
Mès amors qui au cuer le point
L'avoit hasté de revenir.
Ne li pooit del souvenir
Se de ce non qui l'angoissoit :
Amors en son cuer florissoit.
Il fu du tornoi reperiez
Com cil qui n'estoit mie iriez,
Quar il cuidoit avoir celi
A cui il a ore failli
De ci atant que Dieu plera
Et quant aventure avendra.
Chascun jor atendoit novele
Qui li venist plesant et bele,
Et que son oncle li mandast
Que sa fame espouser alast.
Chantant aloit par son ostel,
Viéler fet .I. menestrel
En la vièle .I. son novel;
Plains est de joie et de revel,
Quar éu ot outréement
Tout le pris du tournoiement.
Souvent esgarde vers sa porte
S'aucuns noveles li aporte.
    Molt se merveille quant vendra
Cele eure c'on li mandera;
Le chanter lest à chief de foiz;
Amors li fet metre en defoiz

Qu'il a aillors mise s'entente.
Atant ez-vos sans plus d'atente
Un vallet qui en la cort entre.
Quant il le vit, le cuer du ventre
Li fremist de joie et tressaut :
Cil li dist : « Sire, Diex vous saut ;
A grant besoin m'a ci tramis
Li anciens qui voz amis
Est de pieça, bien le savez :
.I. riche palefroi avez ;
N'a plus soef amblant el mont ;
Mesire vous proie et semont
Que vous par amors li prestez,
Si que anuit li trametez.
— Amis, dist-il, por quel mestier ?
— Sire, por mener au moustier
Sa fille, nostre damoisele,
Qui tant est avenant et bele.
— Et ele por quel chose ira ?
— Biaus sire, jà l'espousera
Vostre oncle, à cui elle est donée,
Et le matin à l'ajornée
Ert menée ma damoisele
Là-sus à la gaste chapele
Qui siet au chief de la forest.
Hastez-vous, Sire : trop arest ;
Prestez vostre oncle et mon seignor
Vostre palefroi, le meillor
Qu'est el roiaume, bien le sai ;
Souvent en est mis à l'essai. »

Mes sires Guillaume l'oï :
« Diex, fet-il, m'a donques trahi
Mes oncles, en qui me fioie,
A cui si bel proié avoie
Que il m'aidast de ma besoigne ?
Jà Dame-Diex ne li pardoigne
La trahison et le meffet ;
A paines croi qu'il l'éust fet ;
Je croi que tu ne dis pas voir.
— Bien le porrez, fet-il, savoir
Demain ainçois prime sonée,
Quar jà i est granz l'assamblée
Des viez chevaliers du païs.
— Ha ! las, dist-il, com sui trahis
Et engingniez et decéus ! »
Poi s'en faut que il n'est chéus
De duel à la terre pasmez ;
S'il n'en cuidast estre blasmez
De cels qui erent à l'ostel,
Il féist jà encor tout el ;
Si est espris de duel et d'ire,
Ne sot que fère ne que dire.
De grant duel demener ne cesse,
Et cil le semont et reverse
Que qu'il estoit en cel effroi :
« Sire, en vostre bon palefroi
Fetes errant metre la sele ;
S'ert portée ma damoisele
Sus au moustier, que soef porte. »
Et cil qui soef se deporte,

Quar il entent à son duel faire
Entruès que sa tristèce maire
A porpensser quel le fera,
Savoir mon, s'il l'envoiera
Son vair palefroi à celui
Qu'il doit haïr plus que nului.
« Oïl, fet-il, sans delaiance;
Cèle qui est de grant vaillance,
A cui j'ai entresait failli,
N'i a coupes, ce poise mi;
Mon palefroi l'ira servir
Et la grant honor deservir
Que j'ai souvent en li trovée,
Quar en toz biens l'ai esprovée;
Jamès n'en porrai plus avoir,
Ce puis-je bien, de fi, savoir.
» Or n'ai-je pas dit que senez,
Ainz sui faillis et forsenez,
Quant, à la joie et au deport
Celui qui m'a trahi et mort,
Vueil mon palefroi envoier:
En ne m'a il fet desvoier
De cele que avoir cuidoie?
Il n'est nus hom qui amer doie
Celui qui trahison li quiert:
Molt est hardis qui me requiert
Mon palefroi, ne rien que j'aie
Envoierai li dont je n'aie.
En ne m'a-il desireté
De la douçor, de la biauté

Et de la très grant cortoisie
Dont ma damoisele est proisie?
    » Or l'ai lonc tens en vain servi;
Avoir en doi bien deservi
Que la très grant souvraine honor
En éusse bien le greignor,
Ne grant joie mès n'en aurai.
Comment celui envoierai
Chose de qoi puist avoir aise
Qui me fet estre à tel mesaise?
    » Mès neporquant, s'il m'a cousté,
Que cele qui tant a bonté
Mon palefroi chevauchera;
Bien sai, quant ele le verra,
Que il li souvendra de moi.
Amée l'ai par bone foi
Et aim et amerai toz tans,
Mès s'amor si m'est trop coustans.
Par moi tout seul serai amis,
Et si ne sai s'ele aura mis
Son cuer en la viel acointance
Dont j'ai au cuer duel et pesance.
Je cuit qu'il ne li soit pas bel;
Cayn, qui frères fu d'Abel,
Ne fist pas greignor trahison ;
Mis est mon cuer en grant friçon
Por celi dont je n'ai confort. »
    Ainsi demaine son duel fort.
Le palefroi fist enseler,
Et l'escuier fist apeler;

Le vair palèfroi li envoie,
Et cil s'est lués mis à la voie.
   Mesire Guillaume n'a pas
De sa grant tristrece respas;
Dedenz sa chambre s'est muciez,
Molt est dolenz et corouciez,
Et à toz ses serjans a dit
Que, s'il i a nul si hardit
Qui s'esmueve de joie fère,
Qu'il le fera pendre ou deffère;
N'a mès de joie fère cure,
Ainz voudra mener vie obscure,
Qu'issir ne li puet à nul fuer
La grand pesance de son cuer,
Ne la dolor ne la grant paine.
Et cil le palefroi enmaine
A cui il l'avoit fet baillier;
Revenuz est sanz atargier
Là où li anciens manoit,
Qui molt grant joie demenoit.
   La nuis estoit toute serie;
D'anciene chevalerie
Avoit grant masse en la meson.
Quant mengié orent à foison,
Li anciens a commandé
A la guete, et dit et mandé
A trestoz que, sanz nul sejor,
Une liue devant le jor
Soient tuit prest et esveillié,
Enselé et appareillié

Li cheval et li palefroi
Sanz estormie et sanz desroi,
Puis vont reposer et dormir;
Cele qu'amors fesoit fremir
Et souspirer en grant doutance,
N'ot de dormir nule esperance;
Onques la nuit ne someilla :
Tuit dormirent; ele veilla.
    Son cuer n'estoit pas endormis,
Ainz ert à duel fere ententis,
Et, s'ele péust lieu avoir,
N'atendist mie le mouvoir
Des chevaliers, ne l'ajornée,
Ainz s'en fust tost par li alée.
    Après la mienuit leva
La lune, qui bien esclaira
Tout environ l'air et les ciex;
Et quant la guete vit aus iex,
Qui embéus avoit esté,
Environ lui la grant clarté,
Cuida que l'aube fust crevée :
« Estre déust, fet-il, levée
Pieça la grant chevalerie. »
Il tret le jor et huche et crie;
« Levez, Seignor, li jor apert, »
Fet cil, qui toz estordis ert
Du vin qu'il ot le soir béu.
Cil qui n'orent gueres géu
En repos, ne guères dormi,
Se sont levé tuit estordi;

Des seles metre sont engrès
Li escuier, por ce que près
Cuident estre de l'ajornée;
Mais, ainz que l'aube fust crevée,
Porent bien cinc liues errer
Et tout belement cheminer.
　Li palefroi enselé furent,
Et tuit li ancien qui durent
Adestrer cele damoisele
Au moustier à la viez chapele,
Au chief de la forest sauvage,
Furent monté, et au plus sage
Fu commandée la pucele.
Au vair palefroi fu la sele
Mise, et, quant on l'amena,
Adonc plus grant duel demena
Qu'ele n'avoit devant mené.
Li ancien home sené
Ne s'en parçurent de noient,
Ne sorent pas son escient,
Ainz cuidoient qu'ele plorast
Por ce que la meson vuidast
Son père por aler aillors;
Ne connoissoient pas ses plors,
Ne la tristrèce qu'ele maine.
Montée fu à molt grant paine.
　Acheminé se sont ensamble;
Vers la forest, si com moi samble,
Alèrent cheminant tout droit;
Le chemin truevent si estroit

Que dui ensamble ne pooient
Aler, et cil qui adestroient
La pucèle par derrière erent,
Et li autre devant alèrent.
Li chevaliers qui l'adestroit,
Por le chemin qu'il vit estroit,
La mist devant, il fu derrière
Por l'estrèce de la quarrière.
 La route ert longue et granz assez;
Traveilliez les ot et lassez
Ce qu'il orent petit dormi;
Auques en furent amati;
Plus pesaument en chevauchoient
Que viel et ancien estoient;
Tant avoient sommeil greignor,
Quar grant piece ot de ci au jor.
Desus les cols de lor chevaus,
Et par les mons et par les vaus,
Aloient le plus someillant;
Et la pucele aloit menant
Li plus sages c'on ot eslit.
Mès cele nuit ot en son lit
De repos pou assez éu;
Le someil l'a si decéu
Qu'il a tout mis en oubliance,
Quar de dormir a grant voillance.
 La pucele se conduisoit
Si que de rien ne li nuisoit
Fors que l'amor et la tristrèce.
Que qu'ele estoit en cele estrèce

FABL. I   8

De cele voie que je di,
Toute la grant route a sordi
Des chevaliers et des barons.
Tuit clinoient sor les arçons
Li plusor; li auquant veilloient,
Qui lor penssers aillors avoient
Qu'à la Damoisele adestrer.
Parmi la grant forest d'errer
Ne cessèrent à grant esploit;
La pucèle est en grant destroit,
Si com cele qui vousist estre
Ou à Londres ou à Vincestre.
   Li vairs palefrois savoit bien
Cel estroit chemin ancien,
Quar maintes fois i ot alé.
.I. grant tertre ont adevalé
Où la forest ert enhermie,
C'on ne véoit la clarté mie
De la lune; molt ert ombrages
En cele part li granz boschages,
Que molt parfons estoit li vaus.
Granz ert la friente des chevaus.
De la grant route des Barons
Estoit devant li graindres frons.
   Li .I. sor les autres sommeillent,
Li autre parolent et veillent;
Ainsi vont chevauchant ensamble.
Li vairs palefrois, ce me samble,
Où la damoisele séoit,
Qui la grant route porsivoit,

Ne sot pas le chemin avant
Où la grant route aloit devant,
Ainz a choisi par devers destre
Une sentele, qui vers l'estre
Mon seignor Guillaume aloit droit.
Li palefrois la sente voit,
Qui molt sovent l'avoit hantée;
Le chemin lest sanz demorée
Et la grant route des chevaus.
Si estoit pris si granz sommaus
Au chevalier qui l'adestroit,
Que ses palefrois arrestoit
D'eures en autres en la voie.
La damoisele ne convoie
Nus, se Diex non; ele abandone
Le frain au palefroi et done;
Il se mist en l'espesse sente.
Il n'i a chevalier qui sente
Que la pucele ne le siue;
Chevauchié ont plus d'une liue
Qu'il ne s'en pristrent onques garde;
Et cil qui en fu mestre et garde
Ne l'a mie très bien gardée :
Ele ne se fu pas emblée,
Ainz s'en ala en tel manière
Com cele qui de la charrière
Ne de la sente ne savoit
En quel païs aler devoit.
 Li palefrois s'en va la voie
De laquele ne se desvoie,

Quar maintes foiz i ot esté,
Et en yver et en esté.
La pucèle molt adolée,
Qui en la sente estoit entrée,
Sovent se regarde environ,
Ne voit chevalier ne baron,
Et la forest fu pereilleuse,
Et molt obscure et tenebreuse;
Et ele estoit toute esbahie
Que point n'avoit de compaignie.
S'ele a paor n'est pas merveille,
Et neporquant molt se merveille
Où li chevalier sont alé
Qui là estoient assamblé.
Lie estoit de la decevance;
Mès de ce a duel et pesance
Que nus, fors Dieu, ne le convoie
Et li palefrois, qui la voie
Avoit par maintes foiz hantée.
Ele s'est à Dieu commandée,
Et li vairs palefrois l'enporte.
Cele, qui molt se desconforte,
Li a le frain abandoné,
Si n'a .I. tout seul mot soné;
Ne voloit pas que cil l'oïssent,
Ne que près de li revenissent;
Miex aime à morir el boscage
Que recevoir tel mariage.
 Ainsi s'en va penssant adès,
Et li palefrois, qui engrès

Fu d'aler là où il devoit,
Et qui la voie bien savoit,
A tant alée s'ambléure
Que venuz est grant aléure
Au chief de cele forest grant.
Une eve avoit en .I. pendant
Qui là coroit grant et obscure ;
Li vairs palefrois à droiture
I est alé, qui le gué sot ;
Outre passe plus tost que pot ;
N'ot guères esloingnié le gué
Qui pou estoit parfont et lé ;
Quant la pucele oï corner
Cele part où devoit aler
Li vairs palefrois qui le porte ;
Et la guete ert desus la porte,
Devant le jor corne et fretele.
Cele part vait la damoisele ;
Droit au recet en est venue,
Molt eshabie et esperdue,
Si com cele qui ne sait pas
Ne le chemin ne le trespas,
Ne comment demander la voie.
Ainz li palefrois de sa voie
N'issi ; si vint desus le pont,
Qui sist sor .I. estanc parfont ;
Tout le manoir avironoit ;
Et la guete qui là cornoit
Oï desus le pont l'effroi
Et la noise du palefroi,

Qui maintes foiz i ot esté.
La guete a .I. pou aresté
De corner et de noise fère;
Il descendi de son repère,
Si demanda isnelement :
« Qui chevauche si durement
A iceste eure sor cest pont ? »
Et la damoisele respont :
« Certes, la plus maléurée
Qui onque fu de mère née :
Por Dieu lai-moi léenz entrer
Tant que le jor voie ajorner,
Que je ne sai quele part aille.
— Damoisele, fet-il, sanz faille,
Sachiez ne l'oseroie fère,
Ne nului metre en cest repère,
Fors par le congié mon seignor;
Onques mès hom n'ot duel greignor
Qu'il a; forment est deshaitiez,
Quar vilainement est traitiez. »
Que qu'il parle de cel afaire,
Il met ses iex et son viaire
A uns partuis de la poterne;
N'i ot chandoile ne lanterne,
Que la lune molt cler luisoit,
Et cil le vair palefroi voit;
Bien l'a connut et ravisé,
Mès ainz l'ot assez remiré;
Molt se merveille d'ont il vient,
Et la pucèle, qui le tient

Par la resne, a molt esgardée,
Qui richement est atornée
De riches garnemens noviaus.
Et cil fu de l'aler isniaus
A son seignor, qui en son lit
Estoit couchiez sans nul delit.
 « Sire, fet-il, ne vous poist mie,
Une fame desconseillie,
Jone de samblant et d'aage,
Est issue de cel boscage,
Atornée molt richement :
Molt sont riche si garnement;
Avis m'est que soit afublée
D'une riche chape forrée;
Si drap me samblent d'escarlate.
La damoisele, tristre et mate,
Seur vostre vair palefroi siet;
Li parlers pas ne li messiet,
Ainz est si avenanz et gente,
Ne sai, Sire, que je vous mente,
Ne cuit en cest païs pucele
Qui tant soit avenant ne bele.
Mien escient c'est une fée
Que Diex vous a ci amenée
Por restorer vostre domage
Dont si avez pesant corage;
Bon restor avez de celi
A cui vous avez or failli. »
 Mesires Guillaume l'entent,
Il sailli sus, plus n'i atent;

Un sorcot en son dos sanz plus,
Droit à la porte en est venus :
Ouvrir la fet isnelement ;
La damoisele hautement
Li a huché en souspirant :
« Ahi ! gentiz Chevaliers, tant
Ai de travail éu anuit !
Sire, por Dieu, ne vous anuit,
Lessiez moi en vostre manoir :
Je n'i quier guères remanoir ;
D'une suite ai molt grant paor
De chevaliers, qui grant fréor
Ont or de ce qu'il m'ont perdue ;
Por garant sui à vous venue
Si com fortune m'a menée ;
Molt sui dolente et esgarée. »
Mesires Guillaume l'oï,
Molt durement s'en esjoï ;
Son palefroi a connéu,
Qu'il avoit longuement éu ;
La pucele voit et avise.
Si vous di bien qu'en nule guise
Nus plus liéz hom ne péust estre.
Si la maine dedenz son estre,
Il l'a du palefroi jus mise,
Si l'a par la destre main prise,
Besié l'a plus de .XX. foiz ;
El n'i mist onques nul defoiz,
Quar molt bien l'a reconnéu.
Quant li uns a l'autre véu,

Molt grant joie entr'aus .II. menèrent,
Et toz lor dels entr'oublièrent;
De sa chape est desafublée,
Sor une coute d'or listée,
D'un riche drap qui fu de soie,
Se sont assis par molt grant joie.
Chascuns plus de .XX. foiz se saine,
Quar croire pueent à grant paine
Que ce soit songes que il voient;
Et quant serjant iluec ne voient,
Neporquant molt bien aaisier
Se sorent d'aus entrebesier;
Mès je vous di qu'autre meffet
A icele eure n'i ot fet.
 La pucele sanz contredit
Li a tout son afère dit :
Or dist que buer fu ore née
Quant Diex l'a iluec amenée,
Et de celui l'a delivrée,
Si com fortune l'a menée,
Qui en cuidoit son bon avoir
Por son mueble et por son avoir.
Mesire Guillaume s'atorne
A lendemain quant il ajorne;
Dedenz sa cort et sa chapele
Venir i fet la damoisele;
Son chapelain sanz arester
A fet maintenant apeler.
Li Chevaliers sanz trestorner
Se fet maintenant espouser

Et par bon mariage ajoindre :
Ne sont pas legier à desjoindre.
Et quant la messe fu chantée,
Grant joie ont el palais menée
Serjant, pucèles, escuier.
 Mès il doit molt cels anuier
Qui perdue l'ont folement :
Venu furent communement
A la chapele, qui ert gaste ;
Assez orent éu de laste
De chevauchier toute la nuit ;
N'i a celui cui il n'anuit.
Li anciens a demandée
Sa fille à cil qui l'ot gardée
Mauvesement ; ne sot que dire.
Isnelement respondi : « Sire,
Devant la mis, je fui derrière,
Que molt estroite ert la charrière,
Et la forest grant et ombrage ;
Ne sai s'aillors prist son voïage,
Quar sor mon arçon sommeilloie ;
D'eures à autres m'esveilloie,
Devant moi la cuidai adès,
Mès n'en est ore guères près ;
Je ne sai qu'ele est devenue ;
Mauvesement l'avons tenue. »
 Li anciens par tout la quiert,
Et à toz demande et enquiert
Quel part ele est, ne s'il la virent :
Molt durement s'en esbahirent ;

Ne l'en sorent dire novele.
Et li viez qui la damoisele
Devoit prendre fu plus dolenz ;
De li querre ne fu pas lenz ;
C'est por noient que il la chace,
Perdue en a la droite trace ;
Cil qui avoeques lui estoient
En tel effroi, el chemin voient
Venir un escuier poingnant ;
Vers l'ancien vient maintenant.
« Sire, fet-il, amistié grande
Mesire Guillaume vous mande ;
La vostre fille a espousée
Très hui matin à l'ajornée ;
Forment en est liez et joiant.
Venez i, sire, maintenant,
Et son oncle mande ensement,
Qui vers lui ouvra faussement ;
De cest meffet li fet pardon
Quant de votre fille a le don. »
Li anciens ot la merveille,
Onques mès n'oï sa pareille.
Toz ses barons huche et assamble,
Et, quant il furent tuit ensamble,
Conseil a pris que il ira,
Et celui avoec lui menra
Cui de sa fille avoit don fet.
Le mariage en voit deffet,
Nul recouvrier n'i puet avoir.
Cil, qui fu plains de grant savoir,

I est alez isnelement
Et tuit li baron ensement.
 Quant à l'ostel furent venu,
Richement furent reçéu :
Mesire Guillaume fist joie
Molt grant, com cil qui de sa proie
Estoit molt liez en son corage.
Graer covint le mariage
A l'ancien, vousist ou non,
Et li viex au fronci grenon
S'en conforta plus biau qu'il pot.
Seignor, ainsi Dame-Dieu plot
Que ces noces furent estables,
Qui à Dieu furent convenables.
 Mesire Guillaume fu preus,
Cortois et molt chevalereus;
Ainz sa proesce ne lessa,
Mès plus et plus s'en efforça :
Bien fu de princes et de contes.
Ainz le tiers an, ce dist li contes,
Morut li anciens, sanz faille;
Tout son avoir li rent et baille;
Toute sa terre ot en baillie,
Qui molt ert riche et bien garnie.
.M. livrées tint bien de terre.
Après ala la mort requerre
Son oncle, qui molt estoit riches,
Et cil, qui n'estoit mie nices,
Ne de cuer povres ne frarins,
Ne blastengiers de ses voisins,

Ainz tint la terre toute cuite.
Ceste aventure que j'ai dite
Afine ci en itel guise
Com la verité vous devise.

Explicit du Vair Palefroi.

IV

DES TROIS AVUGLES
DE COMPIENGNE.

(PAR CORTEBARBE.)

Manuscrits F. Fr., n°s 837, f. 73 v° à 75 r°, et 1593.

Une matère ci dirai
D'un fablel que vous conterai.
On tient le menestrel à sage
Qui met en trover son usage
De fère biaus dis et biaus contes
C'on dit devant dus, devant contes.
Fablel sont bon à escouter :
Maint duel, maint mal font mesconter
Et maint anui et maint meffet.
CORTEBARBE a cest fablel fet ;
Si croi bien qu'encor l'en soviegne.
   Il avint jà defors Compiegne
Trois avugle .I. chemin aloient.
Entre eus nis .I. garçon n'avoient
Qui les menast ne conduisist
Ne le chemin lor apresist.
Chascuns avoit son hanepel ;
Moult povre estoient lor drapel,
Quar vestu furent povrement.

Tout le chemin si fetement
S'en aloient devers Senlis.
Uns clers qui venoit de Paris,
Qui bien et mal assez savoit,
Escuier et sommier avoit,
Et bel palefroi chevauchant,
Les avugles vint aprochant,
Quar grant embléure venoit.
Si vit que nus ne les menoit;
Si pensse que aucuns n'en voie :
Coment alaissent-il la voie?
Puis dist : « El cors me fière goute,
Se je ne sai s'il voient goute. »
Li avugle venir l'oïrent,
Erraument d'une part se tindrent,
Si s'escrient : « Fetes-nous bien,
Povre somes sor toute rien;
Cil est moult povres qui ne voit. »
Li clers esraument se porvoit,
Qui les veut aler falordant;
« Vez ici, fet-il, .I. besant
Que je vous done entre vous .III.
— Diex le vous mire et sainte Croix,
Fet chascuns, ci n'a pas don lait. »
Chascuns cuide ses compains l'ait.
Li clers maintenant s'en départ,
Puis dist qu'il veut veoir lor départ.
Esraument à pié descendi ;
Si escouta et entendi
Coment les avugle disoient,

Et coment entr'eus devisoient.
Li plus mestres des .III. a dit :
« Ne nous a or mie escondit
Qui à nous cest besant dona ;
En .I. besant moult biau don a.
Savez, fet-il, que nous ferons ?
Vers Compiegne retornerons ;
Grant tens a ne fumes aaise ;
Or est bien droiz que chascuns s'aise.
Compiegne est de toz biens plentive.
— Com ci a parole soutive !
Chascuns des autres li respont ;
C'or éussons passé le pont ! »
Vers Compiegne sont retorné,
Ainsi come il sont atorné ;
Moult furent lié, baut et joiant.
Li clers les va adès sivant,
Et dist que adès les siurra
De si adonc que il saura
Lor fin. Dedenz la vile entrèrent ;
Si oïrent et escoutèrent
C'on crioit parmi le chastel :
« Ci a bon vin frès et novel,
Ç'a d'Auçoire, ç'a de Soissons,
Pain et char, et vin et poissons ;
Céens fet bon despendre argent ;
Ostel i a à toute gent ;
Céens fet moult bon herbregier. »
Cele part vont tout sanz dangier,
Si s'en entrent en la meson ;

Li borgois ont mis à reson :
« Entendez çà à nous, font-il ;
Ne nous tenez mie por vil
Se nous somes si povrement ;
Estre volons privéement ;
Miex vous paierons que plus cointe,
Ce li ont dit, et li acointe,
Quar nous volons assez avoir. »
L'ostes pensse qu'il dient voir ;
Si fète gent ont deniers granz.
D'aus aaisier fu moult engranz ;
En la haute loge les maine :
« Seignor, fet-il, une semaine
Porriez ci estre bien et bel ;
En la vile n'a bon morsel
Que vous n'aiez, se vos volez.
— Sire, font-il, or tost alez ;
Si nous fètes assez venir.
— Or m'en lessiez dont convenir, »
Fet li borgois ; puis si s'en torne.
De .V. mès pleniers lor atorne
Pain, et char, pastéz et chapons,
Et vins, mès que ce fu des bons :
Puis si lor fist là sus trametre,
Et fist du charbon el feu metre ;
Assis se sont à haute table.
Li vallés au clerc en l'estable
Tret ses chevaus, l'ostel a pris.
Li clers, qui moult ert bien apris
Et bien vestuz et cointement,

Avoec l'oste moult hautement
Sist au mengier la matinée,
Et puis au souper la vesprée.
Et li avugle du solier
Furent servi com chevalier ;
Chascuns grant paticle menoit,
L'uns à l'autre le vin donoit ;
« Tien, je t'en doing ; après m'en done ;
Cis crut sor une vingne bone. »
Ne cuidiez pas qu'il lor anuit.
Ainsi jusqu'à la mienuit
Furent en solaz sanz dangier.
Li lit sont fet, si vont couchier
Jusqu'au demain qu'il fu bele eure ;
Et li clers tout adès demeure,
Por ce qu'il veut savoir lor fin.
Et l'ostes fu levéz matin
Et son vallet, puis si contèrent
Combien char et poisson coustèrent :
Dist li vallés : « En vérité,
Li pains, li vins et li pasté
Ont bien cousté plus de .X. saus ;
Tant ont il bien éu entre aus.
Li clers en a .V. sols pour lui.
— De lui ne puis avoir anui ;
Va là sus, si me fai paier. »
Et li vallés sanz delaier
Vint aus avugles, si lor dist
Que chascuns errant se vestit,
Ses sires veut estre paiez.

Font-il : « Or ne vous esmaiez,
Quar moult très bien li paierons :
Savez, font-il, que nous devons ?
— Oïl, dist-il, .X. sols devez.
— Bien le vaut. » Chascuns s'est levez ;
Tuit troi sont aval descendu.
Li clers a tout ce entendu,
Qui se chauçoit devant son lit.
Li trois avugle à l'oste ont dit :
« Sire, nous avons .I. besant,
Je croi qu'il est molt bien pesant ;
Quar nous en rendez le sorplus ;
Ainçois que du vostre aions plus.
— Volentiers, » li ostes respont.
Fait li uns : « Quar li baille dont
Liquels l'a. Be ! je n'en ai mie.
— Dont l'a Robers Barbe-florie ?
— Non ai, mès vous l'avez, bien sai.
— Par le cuer bieu, mie n'en ai.
— Liquels l'a dont ? — Tu l'as. — Mès tu.
— Fètes, ou vous serez batu,
Dist li ostes, seignor truant,
Et mis en longaingne puant
Ainçois que vous partez de ci. »
Il li crient : « Por Dieu merci,
Sire, moult bien vous paierons. »
Dont recommence lor tençons :
« Robers, fet l'uns, quar li donez
Le besant ; devant nous menez :
Vous le reçustes premerains.

— Mès vous, qui venez daarains,
Li bailliez, quar je n'en ai point.
— Or sui je bien venuz à point,
Fet li ostes, quant on me truffe. »
L'un va donner une grant buffe,
Puis fait aporter .II. lingnas.
Li clers, qui fu à biaus harnas,
Qui le conte forment amoit,
De ris en aise se pasmoit.
Quant il vit le ledengement,
A l'oste vint isnelement,
Se li demande qu'il avoit,
Quel chose ces gens demandoit.
Fet l'ostes : « Du mien ont éu
.X. sols, c'ont mengié et béu,
Si ne m'en font fors escharnir ;
Mès de ce les vueil bien garnir :
Chascuns aura de son cors honte.
— Ainçois le metez sor mon conte,
Fet li clers : .XV. sols vous doi ;
Mal fet povre gent fère anoi. »
L'oste respont : « Moult volentiers ;
Vaillanz clers estes et entiers. »
Li avugle s'en vont tout cuite.
 Or oiez com fète refuite
Li clers porpenssa maintenant :
On aloit la messe sonant ;
A l'oste vint, si l'arésone.
« Ostes, fet-il, vostre persone
Du moustier dont ne connissiez ?

Ces .XV. sols bien li croiriez,
Se por moi les vos voloit rendre?
— De ce ne sui mie à aprendre,
Fet li borgois; par saint Silvestre,
Que je croiroie nostre prestre,
S'il voloit, plus de .XXX. livres.
— Dont dites j'en soie delivres
Esraument com je reviendrai;
Au moustier paier vous ferai. »
L'ostes le comande esraument,
Et li clers ainsi fètement
Dist son garçon qu'il atornast
Son palefroi, et qu'il troussast,
Que tout soit prest quant il reviegne;
A l'oste a dit que il s'en viegne.
Ambedui el moustier en vont,
Dedenz le chancel entré sont;
Li clers qui les .XV. sols doit
A pris son oste par le doit,
Si l'a fet delèz lui assir.
Puis dist : « Je n'ai mie loisir
De demorer dusqu'après messe;
Avoir vos ferai vo promesse;
Je l'irai dire qu'il vous pait
.XV. sols trestout entresait
Tantost que il aura chanté.
— Fetes-en vostre volenté, »
Fet li borgois, qui bien le croit.
Li prestres revestuz estoit,
Qui maintenant devoit chanter.

Li clers vint devant lui ester,
Qui bien sot dire sa reson;
Bien sanbloit estre gentiz hon;
N'avoit pas la chière reborse.
.XII. deniers tret de sa borse,
Le prestre les met en la main :
« Sire, fet-il, por saint Germain,
Entendez çà .I. poi à mi.
Tuit li clerc doivent estre ami,
Por ce vieng-je près de l'autel.
Je giut anuit à un ostel
Chiés à .I. borgois qui moult vaut :
Li douz Jhesu-Criz le consaut,
Quar preudom est et sanz boisdie;
Mès une cruel maladie
Li prist ersoir dedenz sa teste,
Entruès que nous demeniens feste,
Si qu'il fu trestoz marvoiez.
Dieu merci, or est ravoiez,
Mès encore li deut li chiéz;
Si vous pri que vous li lisiez,
Après chanter, une evangille
Desus son chief. — Et par saint Gille,
Fet li prestres, je li lirai. »
Au borgois dist : « Je le ferai
Tantost com j'aurai messe dite,
Dont en claime-je le clers cuite. »
Fet li borgois : « Miex ne demant.
— Sire prestre, à Dieu vous comant,
Fet li clers.—Adieu, biaus douz mestre. »

Li prestres à l'autel va estre,
Hautement grant messe comence ;
Par .I. jor fu de diemenche,
Au moustier vindrent moult de genz.
Li clers, qui fu et biaus et genz,
Vint à son oste congié prendre ;
Et li borgois, sanz plus atendre,
Dusqu'à son ostel le convoie.
Li clers monte, si va sa voie,
Et li borgois tantost après
Vint au moustier : moult fu engrès
De ses .XV. sols recevoir :
Avoir les cuide tout por voir.
Enz el chancel tant atendi
Que li prestres se devesti,
Et que la messe fu chantée.
Et li prestres, sanz demorée,
A pris le livre et puis l'estole,
Si a huchié : « Sire Nichole,
Venez avant, agenoilliez. »
De ces paroles n'est pas liéz
Li borgois, ainz li respondi :
« Je ne ving mie por ceci,
Mès mes .XV. sols me paiez.
— Voirement est-il marvoiez,
Dist li prestres ; *nomini* Dame,
Aidiez à cest preudome à l'ame ;
Je sai de voir qu'il est dervez.
— Oez, dist li borgois, oez
Com cis prestres or m'escharnist ;

Por poi que mes cuers du sens n'ist,
Quant son livre m'a ci tramis.
— Je vous dirai, biaus douz amis,
Fet li prestres, coment qu'il praingne,
Tout adès de Dieu vous souviegne,
Si ne poez avoir meschief. »
Le livre li mist sor le chief,
L'Evangille li voloit dire.
Et li borgois commence à dire :
« J'ai en meson besoingne à fère ;
Je n'ai cure de tel afère,
Mais paiez-moi tost ma monnoie. »
Au prestre durement anoie :
Toz ses paroschiens apele,
Chascuns entor lui s'atropele,
Puis dist : « Cest home me tenez ;
Bien sai de voir qu'il est dervez.
— Non sui, fet-il, par saint Cornille,
Ne, par la foi que doi ma fille,
Mes .XV. sols me paierez,
Jà ainsi ne me gaberez.
— Prenez-le tost, » le prestre a dit.
Li paroschiens sanz contredit
Le vont tantost moult fort prenant ;
Les mains li vont trestuit tenant ;
Chascuns moult bel le reconforte,
Et li prestres le livre aporte,
Si li a mis deseur son chief ;
L'Evangille de chief en chief
Li lut, l'estole entor le col,

Mès à tort le tenoit por fol ;
Puis l'esproha d'ève benoite.
Et li borgois forment covoite
Qu'à son ostel fust revenuz.
Lessiez fu, ne fu plus tenuz ;
Li prestres de sa main le saine,
Puis dist : « Avez esté en paine. »
Et li borgois s'est toz cois teus ;
Corouciéz est et moult honteus
De ce qu'il fu si atrapez ;
Liéz fu quant il fu eschapez ;
A son ostel en vint tout droit.
CORTEBARBE dist orendroit
C'on fet à tort maint home honte.
A tant definerai mon conte.

Explicit des .III. Avugles de Compiengne.

V

LA HOUCE PARTIE.

(PAR BERNARD.)

Manuscrit n° 7218, f. 150 r à 152 r°.

. . . .[1]

De biau parler et de bien dire
Chascuns devroit à son mestire
Fère connoistre et enseignier
Et bonement enromancier
Les aventures qui avienent.
Ausi, comme gent vont et vienent,
Ot-on maintes choses conter
Qui bones sont à raconter.
Cil qui s'en sevent entremetre
I doivent grant entente metre,
En penser, en estudier,
Si com firent notre ancistier,
Li bon mestre qui estre seulent;
Et cil qui après vivre vuelent
Ne devroient jà estre oiseus.
Mès il devienent pereceus

---

1. Les premiers vers de ce fabliau manquent dans le manuscrit, qui est défectueux en cet endroit.

Por le siècle, qui est mauvès;
Por ce si ne se vuelent mès
Li bon menestrel entremetre,
Qar molt covient grant paine metre
En bien trover, sachiez de voir.
   Huimès vous faz apercevoir
Une aventure qui avint
Bien a .XVII. ans ou .XX,
Que uns riches hom d'Abevile
Se departi fors de sa vile,
Il et sa fame et uns siens fils.
Riches et combles et garnis
Issi com preudom de sa terre,
Por ce que il estoit de guerre
Vers plus fors genz que il n'estoit;
Si se doutoit et se cremoit
De estre entre ses anemis.
D'Abevile vint à Paris.
Ilueques demora tout qoi,
Et si fist homage le Roi,
Et fu ses hom et ses borgois.
Li preudom fu sage et cortois,
Et la Dame forment ert lie,
Et li vallès fols n'estoit mie,
Ne vilains, ne mal enseigniez.
Molt en furent li voisin liéz
De la rue où il vint manoir;
Sovent le venoient véoir
Et li portoient grant honor.
Maintes genz sans metre du lor

Se porroient molt fère amer;
Por seulement de biau parler
Puet l'en molt grant los acueillir;
Qar qui biau dit, biau veut oïr,
Et qui mal dit et qui mal fait,
Il ne puet estre qu'il ne l'ait;
En tel point le voit-on et trueve;
On dit sovent : l'uevre se prueve.
   Ainsi fu li preudom mananz
Dedenz Paris plus de sept anz,
Et achatoit et revendoit
Les denrées qu'il connissoit.
Tant se bareta d'un et d'el
Que toz jors sauva son chatel,
Et ot assez de remanant.
El preudome ot bon marchéant
Et demenoit molt bone vie,
Tant qu'il perdi sa compaignie,
Et que Diex fist sa volenté
De sa fame, qui ot esté
En sa compaignie .XXX. anz.
Il n'avoient de toz enfanz
Que ce vallet que je vous di.
Molt corouciez et molt mari
Se fist li vallés lèz son père,
Et regretoit sovent sa mère,
Qui moult souef l'avoit norri;
Il se pasma, pleure por li,
Et li pères le reconforte :
« Biaus filz, fet-il, ta mère est morte;

Prions Dieu que pardon li face;
Ters tes iex, essue ta face,
Que li plorer ne t'i vaut rien.
Nous morrons tuit, ce sez-tu bien;
Par là nous convendra passer;
Nus ne puet la mort trespasser
Que ne reviegne par la mort.
Biaus filz, tu as bon reconfort,
Et si deviens biaus bacheler;
Tu es en point de marier,
Et je sui mès de grant aage.
Si je trovoie .I. mariage
De gent qui fussent de pooir,
G'i metroie de mon avoir ;
Qar ti ami te sont trop loing;
Tart les auroies au besoin;
Tu n'en as nul en ceste terre
Se par force nes pués conquerre;
S'or trovoie fame bien née
Qui fust d'amis emparentée,
Qui éust oncles et antains,
Et frères et cousins germains,
De bone gent et de bon leu,
Là où je verroie ton preu,
Je t'i metroie volentiers,
Jà nel leroie por deniers. »

 Ce nous raconte li escris,
Seignor, or avoit el païs
.III. chevaliers qui erent frère,
Qui erent de père et de mère

Moult hautement emparenté,
D'armes proisié et alosé,
Mès n'avoient point d'eritage
Que tout n'éussent mis en gage,
Terres et bois et tenemenz,
Por suirre les tornoiemenz.
Bien avoit sor lor tenéure
.III^m. livres à usure,
Qui moult les destraint et escille.
Li ainsnez avoit une fille
De sa fame, qui morte estoit,
Dont la damoisele tenoit
Dedenz Paris bone meson
Devant l'ostel à cel preudon.
La meson n'estoit pas au père,
Qar li ami de par sa mère
Ne li lessierent engagier.
La mesons valoit de loier
.XX. livres de paresis l'an ;
Jà n'en éust paine n'ahan
Que de ses deniers recevoir.
Bien fu d'amis et de pooir
La damoisele emparentée,
Et le preudon l'a demandée
Au père et à toz ses amis.
Li chevalier li ont enquis
De son mueble, de son avoir,
Combien il en pooit avoir,
Et il lor dist moult volentiers :
« J'ai, qu'en denrées qu'en deniers,

.M. et .V^c. livres vaillant;
J'en deveroie estre mentant
Se je me vantoie de plus;
Je l'en donroie tout le plus
De .C. livres de paresis.
Je les ai loiaument aquis;
J'en donrai mon fil la moitié.
— Ce ne porroit estre otroié,
Biaus sire, font li chevalier;
Se vous deveniiez templier,
Ou moine blanc, ou moine noir,
Tost lesseriiez vostre avoir
Ou à temple ou à abéïe :
Nous ne nous i acordons mie;
Non, Seignor, non, Sire, par foi.
— Et comment donc, dites le moi?
— Moult volentiers, biaus Sire chier.
Quanques vous porrez esligier,
Volons que donez vostre fils,
Et que il soit du tout saisis,
Et tout metez par devers lui,
Si que ne vous ni à autrui
N'i puissiez noient calengier.
S'ainsi le volez otroier,
Li mariages sera fait;
Autrement ne volons qu'il ait
Nostre fille ne nostre nièce. »
Li preudon penssa une pièce;
Son fil regarde; si penssa,
Mès mauvesement emploia

Cele penssée que il fist.
Lors lor respont et si lor dist :
« Seignor, de quanques vous querez
Acomplirai voz volentez,
Mès ce sera par .I. couvent :
Se mes filz vostre fille prent
Je li donrai quanqu'ai vaillant,
Et si vous di tout en oiant
Ne vueil que me demeure rien,
Mès praingne tout et tout soit sien,
Que je l'en saisi et revest. »
Ainsi le preudon se dévest.
Devant le pueple qui là fu
S'est dessaisis et desvestu
De quanques il avoit el monde,
Si que il remest ausi monde
Com la verge qui est pelée,
Qu'il n'ot ne denier ne denrée
Dont se péust desjéuner
Se ses filz ne li volt doner.
Tout li dona et clama quite,
Et, quant la parole fu dite,
Li chevaliers tout main à main
Saisi sa fille par la main;
Si l'a au bacheler donée,
Et li vallés l'a espousée.

D'iluec bien à deus anz après
Bonement furent et en pès
Li maris et la dame ensanble,
Tant que la dame, ce me sanble,

Ot un biau fil du bacheler.
Bien le fist norrir et garder,
Et la dame fu bien gardée,
Sovent baignie et relevée.
Et li preudon fu en l'ostel;
Bien se dona le cop mortel
Quant, por vivre en autrui merci,
De son avoir se deffesi.
En l'ostel fu plus de .XII. anz,
Tant que li enfez fu jà granz
Et se sot bien apercevoir.
Souvent oï ramentevoir
Que ses taions fist à son père,
Par qoi il espousa sa mère,
Et li enfes, quant il l'oï,
Ainc puis nel volt metre en oubli.
Li preudon fu viex devenu,
Que viellèce l'ot abatu
Qu'au baston l'estuet soustenir.
La toile à lui ensevelir
Alast volentiers ses filz querre;
Tart li estoit qu'il fust en terre,
Que sa vie li anuioit.
La Dame lessier ne pooit,
Qui fière estoit et orguilleuse;
Du preudome estoit desdaigneuse,
Qui moult li estoit contre cuer.
Or ne puet lessier à nul fuer
Qu'ele ne déïst son Seignor :
« Sire, je vous pri par amor,

Donez congié à vostre père,
Que, foi que doi l'ame ma mère,
Je ne mengerai mès des denz
Tant com je le saurai céenz,
Ainz vueil que li donez congié.
— Dame, fet-il, si ferai-gié. »
   Cil, qui sa fame doute et crient,
Maintenant à son père vient;
Se li a dit isnelement :
« Pères, pères, alez vous ent;
Je di c'on n'a céenz que fère
De vous ne de vostre repaire;
Alez vous aillors porchacier.
On vous a doné à mengier
En cest ostel .XII. anz ou plus;
Mès fetes tost, si levez sus;
Si vous porchaciez où que soit,
Que fère l'estuet orendroit. »
Li pères l'ot; durement pleure;
Sovent maudit le jor et l'eure
Qu'il a tant au siècle vescu :
« Ha! biaus douz filz, que me dis-tu?
Por Dieu, itant d'onor me porte
Que ci me lesses à ta porte.
Je me girrai en poi de leu;
Je ne te quier nis point de feu,
Ne coute-pointe, ne tapis;
Mès la fors souz cel apentis
Me fai baillier .I. pou d'estrain.
Onques por mengier de ton pain

De l'ostel ne me gete fors.
Moi ne chaut s'on me met là hors,
Mès que ma garison me livre ;
Jà, por chose que j'aie à vivre
Ne me déusses pas faillir.
Jà ne puès-tu miex espenir
Toz tes pechiez qu'en moi bien faire,
Que se tu vestoies la haire.
— Biaus père, dist li bachelers,
Or n'i vaut noient sermoners ;
Mès fetes tost, alez vous en,
Que ma fame istroit jà du sen.
— Biaus filz, où veus-tu que je voise ?
Je n'ai vaillant une vendoise.
— Vous en irez en cele vile ;
Encore en i a-il .X. mile
Qui bien i truevent lor chevance :
Moult sera or grant meschéance
Se n'i trovez vostre peuture ;
Chascuns i atent s'aventure ;
Aucunes genz vous connistront,
Qui lor ostel vous presteront.
— Presteront, filz ! Aus genz que chaut,
Quant tes ostels par toi me faut ?
Et, puis que tu ne me fèz bien,
Et cil qui ne me seront rien
Le me feront moult à envis,
Quant tu me faus, qui es mes fils.
— Pères, fet-il, je n'en puis mais
Se je met sor moi tout le fais ;

Ne savez s'il est à mon vuel. »
Adonc ot li pères tel duel,
Por poi que li cuers ne li criève.
Si foibles comme il est, se liève ;
Si s'en ist de l'ostel plorant :
« Filz, fet-il, à Dieu te commant.
Puisque tu veus que je m'en aille,
Por Dieu me done une retaille
D'un tronçon de ta sarpeillière,
Ce n'est mie chose moult chière,
Que je ne puis le froit soufrir.
Je le te demant por couvrir,
Que j'ai robe trop poi vestue ;
C'est la chose qui plus me tue. »
Et cil, qui de doner recule,
Li dist : « Pères, je n'en ai nule.
Li doners n'est or pas à point ;
A ceste foiz n'en aurez point,
Se on ne me le tolt ou emble.
—Biaus douz filz, toz li cuers me tramble,
Et je redout tant la froidure ;
Done moi une couverture
De qoi tu cuevres ton cheval,
Que li frois ne me face mal. »
Cil, qui s'en bée à descombrer,
Voit que ne s'en puet delivrer
S'aucune chose ne li baille ;
Por ce que il veut qu'il s'en aille,
Commande son fil qu'il li baut.
Quant on le huche, l'enfes saut :

« Que vous plest, sire, dist l'enfant?
— Biaus filz, fet-il, je te commant,
Se tu trueves l'estable ouverte,
Done mon père la couverte
Qui est sus mon cheval morel.
S'il veut si en fera mantel,
Ou chapulaire, ou couvertor;
Done li toute la meillor. »
Li enfes, qui fu de biau sens,
Li dist : « Biaus taions, venez enz. »
Li preudon s'en torne avoec lui,
Toz corouciez et plains d'anui.
L'enfes la couverture trueve;
La meillor prist et la plus nueve,
Et la plus grant et la plus lée;
Si l'a par le mileu doublée,
Si le parti à son coutel
Au miex qu'il pot et au plus bel;
Son taion bailla la moitié.
« Biaus filz, fet-il, que ferai-gié?
Por qoi le m'as-tu recopée?
Ton père le m'avoit donée.
Or as-tu fet grant cruauté,
Que ton père avoit commandé
Que je l'éusse toute entière;
Je m'en irai à lui arrière.
— Alez, fet-il, où vous voudrez,
Que jà par moi plus n'en aurez. »
Li preudon issi de l'estable :
« Filz, fet-il, trestout torne à fable

Quanque tu commandas et fis ;
Que ne chastoies-tu ton fils
Qu'il ne te doute ne ne crient?
Ne vois-tu donques qu'il retient
La moitié de la couverture ?
— Va, Diex te doinst male aventure!
Dist li pères; baille li toute.
— Non ferai, dist l'enfes, sanz doute ;
De qoi seriiez-vous paié?
Je vous en estui la moitié,
Que jà de moi n'en aurez plus.
Se j'en puis venir au desus,
Je vous partirai autressi
Comme vous avez lui parti.
Si comme il vous dona l'avoir,
Tout aussi le vueil-je avoir,
Que jà de moi n'enporterez
Fors que tant com vous li donrez.
Si le lessiez morir chetif,
Si ferai-je vous, se je vif. »
Li pères l'ot : parfont souspire ;
Il se repensse et se remire.
Aus paroles que l'enfes dist
Li pères grant example prist;
Vers son père torna sa chière :
« Pères, fet-il, tornez arrière;
C'estoit anemis et pechié
Qui me cuide avoir aguetié;
Mès, se Dieu plest, ce ne puet estre.
Or vous faz-je seignor et mestre

De mon ostel à toz jors mais.
Se ma fame ne veut la pais,
S'ele ne vous veut consentir,
Aillors vous ferai bien servir;
Si vous ferai bien aaisier
De coute-pointe et d'oreillier.
Et si vous di, par saint Martin,
Je ne beverai mès de vin
Ne ne mengerai bon morsel
Que vous n'en aiez del plus bel;
Et serez en chambre celée
Et au bon feu de cheminée;
Si aurez robe comme moi.
Vous me fustes de bone foi,
Par qoi sui riches à pooir,
Biaus douz père, de vostre avoir. »
   Seignor, ci a bone monstrance
Et aperte senefiance
Qu'ainsi geta le filz le père
Du mauvès penssé où il ère.
Bien se doivent tuit cil mirer
Qui ont enfanz à marier.
Ne fetes mie en tel manière,
Ne ne vous metez mie arrière
De ce dont vous estes avant.
Ne donez tant à vostre enfant
Que vous n'i puissiez recouvrer.
L'en ne se doit mie fier,
Que li enfant sont sans pitié;
Des pères sont tost anoié

Puis qu'ils ne se pueent aidier.
Et qui vient en autrui dangier
Molt vit au siècle en grant anui.
Cil qui vit en dangier d'autrui,
Et qui du suen méismement
A autrui livroison s'atent;
Bien vous en devez chastoier.

Icest example fist Bernier,
Qui la matère enseigne à fère.
Si en fist ce qu'il en sot faire.

Explicit de la Houce partie.

VI

DE SIRE HAIN
ET DE DAME ANIEUSE.

(PAR HUGUES PIAUCELE.)

Manuscrit F. Fr., 837, f. 49 recto à 51 recto.

Hues Piaucele, qui trova
Cest fablel, par reson prova
Que cil qui a fame rubeste
Est garnis de mauvèse beste.
Si le prueve par cest reclaim
D'Anieuse et de sire Hain.
Sire Hains savoit bon mestier,
Quar il savoit bien rafetier
Les coteles et les mantiaus ;
Toz jors erent à chavestriaus
Entre lui et dame Anieuse,
Qui n'estoit pas trop volenteuse
De lui servir à son voloir ;
Quar quant li preudom veut avoir
Porée, se li fesoit pois,
Et si estoit tout seur son pois ;
Et quant il voloit pois mengier,
Se li fesoit por engaignier
Un poi de porée mal cuite.

Anieuse ert de mal porçuite
Vers son seignor quanqu'ele pot;
Quar quant il voloit char en pot,
Dont li fesoit-ele rostir
Et toute en la cendre honir,
Por ce qu'il n'en péust gouster.
Se vous me volez escouter,
Je vous dirai bon helemot :
Riens ne vaut se chascuns ne m'ot,
Quar cil pert moult bien l'auleluye
Qui par .I. noiseus le desluie;
C'est por noient, n'i faudrai mie.
 Sire Hains a dit : « Douce amie,
Alez me achater du poisson.
— Vous en aurez à grant foison,
Dist Anieuse, par saint Cire;
Mès or me dites, biauz douz sire,
Se vous le volez d'éve douce. »
Et cil, qui volentiers l'adouce,
Li a dit : « Mès de mer, amie. »
Anieuse ne tarda mie,
Qui moult fu plaine de mal art.
Au Pont vient, si trueve Guillart,
Qui estoit ses cousins germains :
« Guillart, dist-ele, c'est du mains,
Je vueil avoir des epinoches;
Mon mari, qui de males broches
Ait crevez les iex de la teste,
Demande poisson à areste. »
Et cil, qui fu de male part,

Li a tornées d'une part,
Se li a mis en son platel;
Puis les cuevre de son mantel,
En sa meson en vint tout droit.
Sire Hains, quant venir la voit,
Li a dit : « Bien veigniez vous, dame;
Foi que vous devez Notre-Dame,
Est-ce raie, ou chien de mer?
— L'en faut moult bien à son esmer,
Fet Anieuse, sire Hain;
Volez-vous lier vostre estrain,
Qui me demandez tel viande?
Moult est ore fols qui demande
Chose que l'en ne puet avoir :
Vous savez bien trestout de voir
Qu'il a anuit toute nuit plut :
Toz li poissons de là hors put.
— Put! fet sire Hains; Dieu merci,
J'en vi ore porter par ci
De si bons dedenz .I. panier.
— Vous en porrez jà tant pledier,
Fet cèle, qui le het de cuer,
Que je geterai jà tout puer.
Dehait qui le dit s'il nel fet! »
Les espinoches tout à fet
A semées aval la cort.
« Diex! fet Hains, com tu me tiens cort!
A paines os-je dire mot;
Grant honte ai quant mon voisin m'ot,
Que tu me maines si viument.

— Ba! si en prenez vengement,
Fet-ele, se vous l'osez fère.
— Tais-toi, fame de put afère,
Fet sire Hains ; lai moi ester ;
Ne fust por ma chose haster
Por aler au marchié demain,
Tu le compraisses aparmain.
— Comperaisse! fet Anieuse;
Par mon chief, je vous en di beuse;
Quant vos volez, si commenciez. »
Sire Hains fu moult corouciez :
.I. petitelet se porpensse;
Après a dit ce que il pensse,
Quant fu apoiez sor son coute :
« Anieuse, fet-il, ç'acoute :
Il m'est avis, et si me samble,
Que jà ne serons bien ensamble
Se nous ne tornons à .I. chief.
— Or dites donques derechief,
Fet-ele, se vous l'osez fère,
A quel chief vous en volez trère.
— Oïl, fet-il, bien l'ose dire :
Le matinet, sanz contredire,
Voudrai mes braies deschaucier,
Et enmi nostre cort couchier ;
Et qui conquerre les porra,
Par bone reson mousterra
Qu'il ert sire et dame du nostre.
— Je l'otroi bien, par saint Apostre,
Fet Anieuse, de bon cuer.

Et se je les braies conquer,
Cui en trerai à tesmoignage ?
— Nous prendrons en nostre visnage
.I. home que nous miex amon.
— Je l'otroi bien ; prenons Symon,
Et ma comère dame Aupais ;
Que qu'il aviegne de la pais,
Cil dui garderont bien au droit.
Hucherai les je orendroit ?
— Diex ! fet Hains, com tu es hastiue !
Or cuides bien que jà soit tiue
La baillie de no meson ;
Ainz auras de moult fort poison
Béu, foi que doi saint Climent.
Moult va près que je ne coment.
— Comencier, fet dame Anieuse ;
Je sui assez plus covoiteuse
Que vous n'estes del comencier.
Or n'i a fors que del huchier
Noz voisins. — Certes ce n'a mon.
— Sire Symon, sire Symon !
Quar venez avant, biaus compère,
Et si amenez ma comère,
S'orrez ce que nous volons dire.
— Je l'otroi bien sanz contredire, »
Fet Symons debonerement.
Adonc s'en vindrent esraument,
Si s'assiéent l'un delez l'autre.
Sire Hains, l'un mot après l'autre,
Lor a contée la réson

Et descouverte l'achoison
Por qoi la bataille doit estre.
« Ha! fet Symons, ce ne puet estre
Que vous ainsi vous combatez. »
Anieuse dist : « Escoutez :
Li plais est pris en tel manière
Que nus n'en puet aler arière,
Foi que doi au baron saint Leu;
Je vueil que soiez en no leu;
Si ferons que fère devons. »
Dont primes a parlé Symons :
« Je ne vos porroie achoisier,
Ne acorder, ne apesier,
Ainz aurez esprové voz forces.
Or garde bien que tu ne porces,
Anieuse, se ton poing non.
Sire Hain, je vous di par non,
Gardez bien que vous ne porciez
Nule chose dont vous faciez
Vo fame mal, fors de voz mains.
— Sire, si m'aït S. Germains,
Fet sire Hains, non ferai-gié;
Mès or nous donez le congié
De no meslée comencier,
Il n'i a fors del deschaucier
Les braies dont la noise monte. »
    Que vous feroie plus lonc conte ?
Les braies furent deschaucies,
Et enz enmi la cort lancies;
Chascuns s'apresta de combatre;

Jà lor verra lor os debatre,
Sire Symons, qui le parc garde.
Ainz que Hains s'en fust donez garde
Le fiert Anieuse à plains braz :
« Vilains, dist-ele, je te haz ;
Or me garde ceste alemite.
— Ha ! dist Hains, très orde traïtre,
M'es-tu jà venue ferir ?
Je ne porroie plus souffrir,
Puisque tu m'as avant requis ;
Mès, si m'aït Sainz Esperis,
Je te ferai male nuit trère.
— Par bieu, je ne vous doute guère,
Fet cele, por vostre manace ;
Puisque nous somes en la place,
Face chascuns du pis qu'il puet. »
A cest mot sire Hains s'esmuet,
D'ire et de mautalent espris ;
La cors fu granz et li porpris,
Bien s'i pooit-l'en retorner.
Et, quant cele vit atorner
Son baron por li domagier,
Onques ne se vout esmaier,
Ainz li cort sus à plain eslais.
Huimès devendra li jeus lais,
Quar sire Hains sa fame ataint
Si grant cop que trestout li taint
Le cuir, sor le sorcil, en pers.
« Anieuse, dist-il, tu pers ;
Or t'ai ta colée rendue. »

Cele ne fu mie esperdue,
Ainz li cort sus isnelement;
Se li done hastivement
.I. cop par deseur le sorcil
Qu'a poi que delèz .I. bercil
Ne l'abati trestout envers.
« Trop vous estiiez descouvers,
Fet Anieuse, ceste part; »
Puis a esgardé d'autre part,
S'a véu les braies gesir;
Hastivement les cort sesir,
Si les liève par le braioel.
Et li vilains par le tuiel
Les empoigne par moult grand ire :
Li uns sache, li autres tire ;
La toile desront et despièce;
Par la cort en gist maint pièce ;
Par vive force jus les mètent,
A la meslée se remètent.
Hains fiert sa fame enmi les denz
Tel cop, que la bouche dedenz
Li a toute emplie de sanc ;
« Tien ore, dist sire Hains, anc !
Je cuit que je t'ai bien atainte;
Or t'ai-je de deux colors tainte ;
J'aurai les braies toutes voies. »
Dist Anieuse : « Ainz que tu voies
Le jor de demain au matin,
Chanteras-tu d'autre Martin,
Que je ne te pris deux mellenz ;

Filz à putain, vilainz pullenz,
Me cuides-tu avoir sorprise? »
A cest mot, de grant ire esprise,
Le fiert Anieuse esraument;
Li cops vint par grant mautalent
Que dame Anieuse geta;
Delèz l'oreille l'acosta,
Que toute sa force i emploie.
A sire Hains l'eschine ploie,
Quar del grant cop moult se detort :
« Vilains, dist-ele, tu as tort,
Qui ne me lais les braies prendre. »
Fet sire Hains : « Or puis aprendre
Que tu ne m'espargnes noient;
Mès se par tens ne le te rent
Sire Hains, dont li faille Diex;
Or croist à double tes granz diex,
Quar je te tuerai ancui. »
Anieuse respondi : « Qui
Tuerez vous, sire vilains?
Se je vous puis tenir aus mains,
Je vous ferai en mon Dieu croire;
Vous ne me verrez jà recroire,
Ainz morras ainçois que m'eschapes.
— Tien or ainçois ces .II. soupapes,
Fet sire Hains, ainz que je muire;
Je le te metrai moult bien cuire,
Se j'en puis venir au desus. »
A cest mot se recorent sus,
Si s'entredonent moult granz caus.

Sire Hains fu hastis et chaus,
Qui del ferir moult se coitoit;
N'en pot mès, quar moult le hastoit
Anieuse, qui pas nel doute;
De deux poins si forment le boute
Que sire Hains va chancelant.
Que vous iroie-je contant?
Tout furent sanglent lor drapel,
Quar maint cop et maint hatiplel
Se sont doné por grant aïr.
Anieuse le cort sesir,
Qui n'ert pas petite ne manche;
Sire Hains au tor de la hanche
L'abat si durement sus coste,
Qu'à poi ne li brise une coste.
Cele chose forment li griève;
Mès Anieuse se reliève,
.I. petit s'est arrière traite.
Aupais le voit, si se deshaite,
Qui le parc garde o son baron :
« Ha! por Dieu, fet-elle, Symon,
[Quar] parlons ore de la pès. »
[Ce] dist Symon, « Lai-moi en pès,
.....tait or, S. Bertremiex
.....s'Anieuse en fust au miex,
Que tu m'en priaisses aussi;
Non féisses, par saint Forsi,
Tu ne m'en priaisses à pièce;
Or atent encore une pièce,
Tant que li uns le pis en ait,

Autrement n'auront-il jà fait;
Souffrir te convient se tu veus. »
Cil refurent jà par cheveus,
Qui erent en moult grant destresce;
Hains tient sa fame par la trèce,
Et cele, qui de duel esprent,
Son baron par les chevex prent;
Si le sache que tout l'embronche.
Aupais le voit, en haut s'esfronche
Por enhardir dame Anieuse.
Quant Symons a choisi s'espeuse
Et l'esme qu'ele li a fète :
« Aupais, dist-il, tu es meffète;
A poi que ferir ne te vois,
Se tu fez plus oïr ta vois
Dès que li uns en soit au miex,
Tu le comperras, par mes iex; »
Cele se tut, qui le cremi.
 Tant ont feru et escremi
Cil qui se combatent ensamble,
Que li contes dit, ce me samble,
Qu'Anieuse le pis en ot;
Quar sire Hains à force l'ot
Reculée encontre une treille.
En coste avoit une corbeille;
Anieuse i chéi arrière,
Quar à ses talons par derrière
Estoit, si ne s'en donoit garde;
Et quant sire Hains la regarde,
S'en a .I. poi ris de mal cuer;

« Anieuse, fet-il, ma suer,
Tu es el paradis Bertran ;
Or pués-tu chanter de Tristran,
Ou de plus longue, se tu sez;
Se je fusse autressi versez,
Tu me tenisses jà moult cort. »
Atant vers les braies s'en cort,
Si les prist, et si les chauça;
Vers sa fame se radreça,
Qui en la corbeille ert versée.
Malement l'éust confessée,
Ne fust Symons qui li escrie :
« Fui toi, musart, n'en tue mie ;
Bien voi que tu es au desus.
Anieuse, veus-en tu plus ?
Fet Symons, qui la va gabant;
Bien a abatu ton beubant
Sire Hains par ceste meslée.
Seras-tu mès si emparlée
Com tu as esté jusqu'à ore ?
— Sire, foi que doi S. Grigoire,
Fet cele, ne fusse hui lassée,
Se je ne fusse ci versée;
Mès or vous proi par amistez,
Biaus sire, que vous m'en getez. »
Fet Symons : « Ainz qu'isses issi,
Fianceras orendroit ci
Que tu jamès ne mefferas,
Et que en la merci seras
Sire Hains, à toz les jors mès,

Et que tu ne feras jamès
Chose nule qu'il te deffenge.
— Ba ! Deable, et s'il me ledange,
Fet Anieuse, ne cort seure,
Et j'en puis venir au deseure,
Ne me deffenderai-je mie?
— Escoute de ceste anemie,
Fet Symons, qu'ele a respondu,
Aupais; en as-tu entendu?
— Oïl voir, sire, bien l'entent.
Anieuse, je te blastent
Que tu respons si fetement,
Quar tu vois bien apertement
Que tu ne pués plus maintenant;
Si te covient d'ore en avant
Fere del tout à son plesir,
Quar de ci ne pués-tu issir
Se par son comandement non. »
Anieuse respondi : « Non ;
Conseilliez-moi que je ferai.
— Par foi, dit Aupais, non ferai,
Que tu ne m'en croiroies mie.
— Si ferai, bele douce amie ;
Je m'en tendrai à vostre esgart.
— Or t'estuet-il, se Diex me gart,
Orendroit fiancier ta foi ;
Je ne sai se ce ert en foi,
Mès toutes voies le feras,
Que tu ton baron serviras
Si com preude fame doit fère,

Ne jamès por nul mal afère
Ne te dreceras contre lui. »
　Anieuse dist sanz delui :
« Par foi, bien le vueil créanter,
Por que je m'en puisse garder,
Ainsi en vueil fère l'otroi. »
A cest mot en risent tuit troi,
Sire Hains, Symons et Aupais.
Toutes voies firent la pais ;
De la corbeille la getèrent,
Et en meson la ramenèrent ;
Moult sovent s'est clamée lasse.
Mais Diex i mist tant de sa grace,
Que puis cele nuit en avant
Onques ne s'ala percevant
Sire Hains qu'el ne li féist
Trestout ce qu'il li requéist :
De lui servir s'avolentoit,
Et, por ce que les cops doutoit,
Nel desdisoit de nule chose.
Si vous di bien à la parclose,
En fu à sire Hain moult bel.
　Ainz que je aie cest fablel
Finé, vous di-je bien en foi,
Se voz fames mainent bufoi
Deseur vous nul jor par male art,
Que ne soiez pas si musart
Que vous le souffrez longuement,
Mès fètes aussi fetement
Come Hains fist de sa moillier

Qui ainc ne le vout adaingnier,
Fors tout le mains que ele pot,
Dusques à tant que il li ot
Batu et les os et l'eschine.
Tout issi cis fabliaus define.

Explicit de Sire Hain et de Dame Anieuse.

VII

DU PROVOST A L'AUMUCHE.

Manuscrit F. Fr., 837, f. 176 v° à 177 r°.

D'un chevalier cis fabliaus conte
Qui par samblant valoit un conte;
Riches hom estoit et mananz;
Fame ot, dont il avoit enfans
Si come il est coustume et us.
.XX. ans cil chevaliers et plus
Vesqui sans guerre et sans meslée.
Moult fu amez en sa contrée
De ses homes et d'autre gent,
Tant que .I. jor li prist talent
Du baron saint Jaque requerre.
A garder comanda sa terre
Un sien provost que il avoit.
Vilains et pautonniers estoit,
Mès richèce l'avoit seurpris;
Si en ert amendez ses pris,
Si come il fait à mains mauvais.
Li Provos ot à nom Grevais,
Le fil Erambaut Brache-huche;
De burel avoit une aumuche,
Por la froidure, bien forrée.

Grosse avoit la teste et quarrée;
Moult ert cuivert et de put aire.
Et li chevaliers son afaire
Fist atorner tel comme il dut.
A .I. jor de son ostel mut
Por fère son pelerinage.
Tant va par plain et par boschage,
Que au baron saint Jaque vint;
Deniers i offri plus de .XX.
Après se r'est mis el retor;
Onques n'i vout metre trestor,
Tout si come il vint ne ala,
Tant que son ostel aproisma
Si près come à une jornée.
Le matinet, ainz la vesprée,
A .I. sien escuier tramis
A sa fame et à ses amis,
Qu'il venissent encontre lui,
Quar haitiez est et sanz anui,
Et si féist appareillier
A l'ostel assez à mengier,
De char, de poisson sanz devin,
Qu'à plenté i éussent vin,
Si qu'à plenté aient trestout.
Li escuiers se hasta moult
Tant qu'il est au chastel venuz;
A grant joie fu recéuz
De cels, de celes qui l'amèrent.
Lendemain li ami montèrent;
Encontre le chevalier vont.

A moult grant joie amené l'ont,
Et le mengier fu atornez.
Grevais ne s'est pas oubliez,
Li provos, ainz estoit venuz
Ainçois que nus fust descenduz ;
Moult fet sanblant d'estre joious.
Li chevaliers fu vizious ;
Par tout prent garde de sa gent,
Et séoir fet moult richement
Grevais son provost au mengier,
Avoec .I. riche chevalier,
Par devant le filz Micleart.
Au premier més ont pois et lart,
Dont la pièce moult granz estoit
Qui ès escuèles gisoit.
   Liéz fu li provos de cest mès,
Quar le lart vit gros et espès
Qui en s'escuèle s'aïme,
Puis s'apenssa en soi-méisme,
S'en pooit embler une pièce,
Qu'ele duerroit moult grant pièce,
Qui en voudroit fère mesure.
Mès li chevaliers n'en ot cure
Qui avoec lui mengier devoit ;
A .I. sien compaignon parloit
Qui delèz lui avoit mengié.
Et le provost s'est abessié,
Ausi com por son nez mouchier,
Par derriere le chevalier ;
La teste baisse, puis si muce

La pièce de lart soz s'aumuche,
Qui moult estoit parfonde et lée,
Puis l'a sor son chief r'afublée,
Tout ausi come devant fu.
Uns vallés porte busche au fu;
Si commença à embraser;
Grevais prist moult à treculer,
Qu'il n'en avoit gueres loisir,
Quar assis fu, n'en quier mentir,
En .I. angle d'une maisière,
Si qu'il ne pot n'avant n'arrière;
Ainz commença à eschauffer,
Et le lart prist à degouster,
Qui desouz le chapel estoit,
Si que par les iex li couloit
Le saïn, et aval la face,
Com se fust crasse char de vache.
Uns vallés devant lui servoit :
Anuiéz fu, trop li grevoit
S'aumuche qui estoit forrée;
D'une verge, qui ert pelée,
Li a jus bouté le chapel,
Et li lars chiet sor le mantel
Au chevalier qui lèz lui sist.
Or oiez que li provos fist :
.I. saut done par mi le fu,
Vers l'uis se tret à grant vertu;
Mès li escuier qui servoient,
Qui l'afère véu avoient,
Li donèrent grant hatiplat,

Si qu'il le firent chéoir plat;
Fièrent en teste et en l'eschine;
Li keu saillent de la cuisine,
Ne demandèrent que ce fu,
Ainz traient les tisons du fu,
Si fièrent sor lui à .I. tas;
Tant le fièrent et haut et bas,
Que brisiés li ont les rains.
Aus bastons, aus piez et aus mains,
Li ont fet plus de .XXX. plaies,
Et l'ont fait chier en ses braies.
A la parfin tant le menèrent,
Que par les bras le traïnèrent
Fors de la porte en .I. fossé,
Où l'en avoit .I. chien tué;
Moult li fist grant honte la chars.

 Cist fabliaus retret de cest cas,
Que par emblers ont les avoirs.
Mais Diex qui fu mis en la Crois
Lor envoit tele povreté,
Que povre gent tiengnent verté.

  Explicit du Provost à l'aumuche.

VIII

DE LA BORGOISE D'ORLIENS.

Manuscrit F. Fr., 837, f. 163 r° à 164 r°.

O R vous dirai d'une borgoise
Une aventure assez cortoise.
Née et norrie fu d'Orliens,
Et ses sires fu néz d'Amiens,
Riches mananz à desmesure.
De marchéandise et d'usure
Savoit toz les tors et les poins,
Et ce que il tenoit aus poins
Estoit bien fermement tenu.
  En la vile furent venu
.IV. noviaus clers escoliers ;
Lor sas portent come coliers.
Li clerc estoient gros et gras,
Quar moult manjoient bien sans gas.
En la vile erent moult proisié
Où il estoient herbregié :
.I. en i ot de grant ponois,
Qui moult hantoit chiés .I. borgois ;
S'el tenoit-on moult à cortois ;
N'ert plains d'orgueil ne de bufois,
Et à la dame vraiement

Plesoit moult son acointement ;
Et tant vint et tant i ala,
Que li borgois se porpenssa,
Fust par semblant ou par parole,
Que il le metroit à escole,
S'il en pooit en leu venir
Que à ce le péust tenir.
Léenz ot une seue nièce,
Qu'il ot norrie moult grant pièce ;
Privéement à soi l'apele,
Se li promet une cotele,
Mès qu'el soit de cele œvre espie,
Et que la vérité l'en die.
Et l'escolier a tant proié
La borgoise par amistié,
Que sa volenté li otroie ;
Et la meschine toute-voie
Fu en escout tant qu'ele oï
Come il orent lor plet basti.
Au borgois en vient maintenant,
Et li conte le convenant ;
Et li couvenanz tels estoit
Que la dame le manderoit
Quant ses sires seroit errez ;
Lors venist aux .II. huis serrez
Du vergier qu'el li enseigna,
Et el seroit contre lui là,
Quant il seroit bien anuitié.
Li borgois l'ot, moult fu haitié,
A sa fame maintenant vient :

« Dame, fet-il, il me covient
Aler en ma marchéandie;
Gardez l'ostel, ma chière amie,
Si com preude fame doit fère;
Je ne sai rien de mon repère.
— Sire, fet-ele, volentiers. »
Cil atorna les charretiers,
Et dist qu'il s'iroit herbregier,
Por ses jornées avancier,
Jusqu'à .III. liues de la vile.
La dame ne sot pas la guile;
Si fist au clerc l'uevre savoir.
Cil, qui les cuida decevoir,
Fist sa gent aler herbregier,
Et il vint à l'uis du vergier,
Quar la nuit fu au jor meslée;
Et la dame tout à celée
Vint encontre, l'uis li ouvri,
Entre ses braz le recueilli,
Qu'el cuide que son ami soit;
Mès esperançe la deçoit.
« Bien soiez-vous, dist-el, venuz. »
Cil s'est de haut parler tenuz;
Se li rent ses saluz en bas.
Par le vergier s'en vont le pas,
Mès il tint moult la chière encline,
Et la borgoise .I. pou s'acline,
Par souz le chaperon l'esgarde,
De trahison se done garde;
Si conut bien et aperçoit

C'est son mari qui la deçoit.
Quant el le prist à aperçoivre,
Si repensse de lui deçoivre;
Fame a trestout passé Argu;
Par lor engin sont deceú
Li sage dès le tens Abel.
« Sire, fet-ele, moult m'est bel
Que tenir vous puis et avoir;
Je vous donrai de mon avoir,
Dont vous porrez vos gages trère,
Se vous celez bien cest afère.
Or alons ça tout belement,
Je vous metrai privéement
En .I. solier dont j'ai la clef:
Iluec m'atendrez tout souef,
Tant que noz genz auront mengié;
Et quant trestuit seront couchié,
Je vous menrai souz ma cortine;
Jà nus ne saura la couvine.
— Dame, fet-il, bien avez dit. »
Diex, com il savoit or petit
De ce qu'ele pensse et porpensse !
Li asniers une chose pensse,
Et li asnes pensse tout el;
Tost aura-il mauvès ostel.
Quar quant la dame enfermé l'ot.
El solier dont issir ne pot,
A l'uis del vergier retorna,
Son ami prist qu'ele trova,
Si l'enbrace et acole et baise;

Moult est, je cuit, à meillor aise
Li secons que le premerain.
La dame lessa le vilain
Longuement ou solier jouchier;
Tost ont trespassé le vergier,
Tant qu'en la chambre sont venu,
Où li dras furent portendu.
La dame son ami amaine,
Jusqu'en la chambre le demaine,
Si l'a souz le couvertoir mis,
Et cil s'est tantost entremis
Du geu que amors li comande,
Qu'il ne prisast une alemande
Toz les autres, se cil n'i fust,
Ne cele gré ne l'en séust.
Longuement se sont envoisié;
Quant ont acolé et baisié,
« Amis, fet-ele, or remaindrez
.I. petit et si m'atendrez;
Quar je m'en irai là dedenz
Por fère mangier cele gent,
Et nous souperons, vous et moi,
Encore anuit tout à recoi.
— Dame, à vostre commandement. »
Cele s'en part moult belement,
Vint en la sale à sa mesnie;
A son pooir la fet haitie;
Quant li mengiers fu atornez,
Menjuent et boivent assez.
Et, quant orent mengié trestuit,

Ainz qu'il fussent desrengié tuit,
La dame apèle sa mesnie,
Si parole come enseignie;
.II. neveus au seignor i ot,
Et .I. garz qui éve aportoit,
Et chamberières i ot .III.;
Si i fu la nièce au borgois,
.II. pautoniers et .I. ribaut.
« Seignor, fet-el, se Diex vous saut,
Entendez ore ma reson :
Vous avez en ceste meson
Véu céenz un clerc venir,
Qui ne me lest en pès garir :
Requise m'a d'amors lonc tens ;
Je l'en ai fet .XXX. deffens ;
Quant je vi que je n'i garroie,
Je li promis que je feroie
Tout son plésir et tout son gré
Quant mon seignor seroit erré.
Or est errez, Diex le conduie,
Et cil, qui chascun jor m'anuie,
Ai moult bien couvenant tenu.
Or est à son terme venu,
Là sus m'atent en ce perrin.
Je vous donrai du meillor vin
Qui soit céenz une galoie,
Par couvant que vengie en soie :
En ce solier à lui alez,
Et de bastons bien le batez,
Encontre terre et en estant,

Des orbes cops li donez tant,
Que jamais jor ne li en chaille
De prier fame qui rien vaille. »
　Quant la mesnie l'uevre entent,
Tuit saillent sus, nus n'i atent,
L'un prent baston, l'autre tiné,
L'autre pestel gros et mollé :
La borgoise la clef lor baille.
Qui toz les cops méist en taille,
A bon contéor le tenisse.
« Ne souffrez pas que il en isse ;
Ainz l'acueilliez el solier haut.
— Par Dieu, font-il, sire clercgaut,
Vous serez jà desciplinez. »
Li uns l'a à terre aclinez,
Et par la gorge le saisi ;
Par le chaperon l'estraint si
Que il ne puet nul mot soner ;
Puis l'en acueillent à doner ;
De batre ne sont mie eschars.
S'il en éust doné .M. mars,
N'éust miex son hauberc roulé.
Par maintes foiz se sont mollé,
Por bien ferir, ses .II. nevous,
Primes desus et puis desous ;
Merci crier ne li vaut rien.
Hors le traient com .I. mort chien,
Si l'ont sor .I. fumier flati,
En la meson sont reverti ;
De bons vins orent à foison,

Toz des meillors de la meson,
Et des blans et des auvernois,
Autant com se il fussent rois ;
Et la dame ot gastiaus et vin,
Et blanche toaille de lin,
Et grosse chandoile de cire ;
Si tient à son ami concile
Toute la nuit dusques au jor.
Au departir si fist Amor
Que vaillant .X. mars li dona,
Et de revenir li pria
Toutes les foiz que il porroit.
Et cil qui el fumier gisoit
Si se remua come il pot,
Et vait là où son harnois ot.
Quant ses genz si batu le virent,
Duel orent grant, si s'esbahirent ;
Enquis li ont coment ce vait.
« Malement, ce dist, il me vait ;
A mon ostel m'en reportez,
Et plus rien ne me demandez. »
Tout maintenant l'ont levé sus,
Onques n'i atendirent plus :
Mès ce l'a moult reconforté
Et mis hors de mauvés penssé,
Qu'il sent sa fame à si loial ;
.I. œf ne prise tout son mal,
Et pensse, s'il en puet garir,
Moult la voudra toz jors chierir.
A son ostel est revenu,

Et, quant la dame l'a véu,
De bones herbes li fist baing,
Tout le gari de son mehaing.
Demande lui com li avint.
« Dame, fet-il, il me covint
Par .I. destroit peril passer,
Où l'en me fist des os quasser. »
Cil de la meson li contèrent
Du clercgaut com il l'atornerènt,
Coment la dame lor livra.
Par mon chief, el s'en delivra
Com preude fame et come sage :
Onques puis en tout son eage
Ne la blasma ne ne mescrut,
N'onques cele ne se recrut
De son ami aimer toz dis,
Tant qu'il ala à son païs.

Explicit de la Borgoise d'Orliens.

IX

LE CUVIER.

Manuscrit F. Fr., 837, fol. 234 r° à 234 v°.

CHASCUNS se veut mès entremètre
De biaus contes en rime mètre :
Mais je m'en sui si entremis
Que j'en ai .I. en rime mis
D'un marchéant qui par la terre
Aloit marchéandise querre.
En sa meson lessoit sa fame,
Qui de son ostel estoit dame ;
Il gaaignoit à grant mesaise,
Et ele estoit et bien et aise
Quant il ert alez gaaignier,
Et ele se fesoit baingnier
Avoec .I. clerc de grant franchise,
Où ele avoit s'entente mise.
Un jor se baingnoient andeux ;
Si lor en vint .I. moult grant deuls,
Et tele paor, que le mestre
Por nul avoir n'i vousist estre ;
Quar, si comme il s'entretenoient
Et ensamble se deduisoient,
Et li borgois si s'en repère

De Provins, où il ot afère;
Si s'en entre dedenz sa cort,
Et la bajasse tost acort
A sa dame que li clers tient;
De son seignor ne li sovient.
« Dame, dist-ele, or vous empire,
Quar véz ici, par Dieu, mon sire,
O lui .III. marchéanz ensamble : »
La dame l'ot, de paor tremble.
Ele et li clers, sanz atargier,
Sont andui sailli du cuvier.
Ele sailli hors toute nue;
Au plus tost qu'el pot s'est vestue.
La dame, qui n'estoit pas fole,
L'éve jete desouz la sole
De la chambre, si qu'el s'encort
Desouz la sole en mi la cort.
El n'ot le clerc où esloingnier,
Si le muça souz le cuvier.
Et li borgois descent à pié,
Dont ele n'ot pas son cuer lié
Qu'il est venuz à cele foiz.
« Sire, dist-ele, bien veignois
Et vous et vostre compaignie, »
Dist-ele; mès ne vousist mie
Que il fust venuz à cele eure.
Cil, qui n'ot cure de demeure,
Ainz s'en veut r'aler en besoingne,
A sa main une nape enpoigne,
Qui à la perce estoit pendue,

Si l'a sor la cuve estendue;
Les autres marchéans apele;
A sa fame dist : « Ma suer bele,
Or, ça, fet-il, la soupe en vin,
Quar nous volons metre au chemin. »
Et, quant cele ot parler de l'erre,
Au plus tost qu'el pot le va querre
Quanques il veut delivrement;
Moult haoit le demorement.
Mès il ne tenoit de mengier
Au clerc qui ert souz le cuvier,
Qui ne menoit pas trop grant feste
Qu'il li menjuent sus la teste.
Et li borgois éust corouz,
Se il séust le clerc desouz;
Et ele estoit mal assenée
Qu'elle avoit la cuve empruntée
Le jor devant à sa voisine.
Cele a apelé sa meschine,
Et li comande que grant erre
Alast léenz sa cuve querre;
Fère l'en estuet sa besoingne.
Mais ele ne sot pas l'essoingne,
Ne le clers qui desouz sejorne.
Et la chamberière s'en torne,
Au miex que pot fist son message.
« Vostre dame n'est mie sage, »
Fait cele, qui li dist briefment :
« R'alez li dire vistement
Que, par mon chief, trop se meffet;

Je n'ai pas de son cuvier fet. »
Li borgois l'ot, n'en fu pas liez :
« Dame, fait-il, quar li bailliez
Son cuvier, et si en fera,
Et puis si le vous prestera. »
Cele les mains au cuvier tient,
Et dist : « Ne savez qu'il covient
Aus dames, ne qu'il estuet fère ;
Ci avez perdu un bon tère,
Quar, par mon chief, que que j'entende,
J'en aurai fet ainz que le rende. »
Puis a dit à la chamberière :
« R'alez-vous-en, amie chière,
Et si dites à vostre dame
Qu'ele n'est pas si sage fame,
Par mon chief, com je voudroie estre :
Ne set pas quel besoing puet estre. »
Cele s'en est tost revenue,
Et quant sa dame l'a véue :
« Qu'est-ce, fet-el, tu n'en as mie ?
— Non, dame, par le Fil Marie,
Ainz dist bien c'onques ne séustes
Qu'est besoing, n'onques ne l'éustes ;
Quar, se très bien le séussiez,
Jà hasté ne li éussiez. »
Quant cele se fust apenssée :
« Lasse, fet-el, trop sui hastée ;
Par mon chief, si ai fet que fole ;
Le mestre le tient de l'escole ;
Or poroit ore moult bien estre

FABL. I 17

Qu'ele a desouz mucié le mestre. »
Oiez de qoi s'est porvéue :
.I. ribaut vit enmi la rue,
Qui de sa robe estoit despris :
« Veus gaaignier, dist-ele, amis?
— Oïl, Dame, n'en doutez mie.
— Va donc, dist-ele, tost; si crie
Le feu enz enmi cele rue,
Et de bien crier t'esvertue;
L'en le tendra tout à folie
Et à grande ribauderie;
Puis t'en revien par ma meson,
De ta paie ferai le don.
— Dame, dist-il, point ne m'esmaie,
Quar j'aurai bien de vous ma paie. »
En mi la voie a pris son leu,
A haute voiz crie le feu
De quanqu'il pot à longue alaine,
Ausi com la vile en fust plaine.
Et quant li marchéant l'oïrent,
Trestuit ensemble au cri saillirent,
Et li ribaus d'iluec s'en part,
Si s'en fui de l'autre part.
Moult se tienent à mal bailli,
Quant au ribaut orent failli,
Et dient tuit : « Il estoit yvre. »
Et la borgoise se délivre
Du clerc; maintenant l'en envoie,
Et li clerc si aqueut sa voie,
Qui n'ot cure de plus atendre.

Or puet cele son cuvier rendre,
Qui moult a esté effraée.
Ainsi s'est cele délivrée,
Qui moult savoit de la chevance,
Quar apris l'avoit de s'enfance ;
S'ele n'éust besoing éu,
Ele n'éust jamès séu
Le grant besoin de sa voisine.
Tout ainsi cis fabliaus define.

Explicit du Cuvier.

X

DE BRUNAIN

LA VACHE AU PRESTRE.

Manuscrit F. Fr. 837, fol. 229 r° à 229 v°.

D'un vilain conte et de sa fame,
C'un jor de feste Nostre Dame
Aloient ourer à l'yglise.
Li prestres, devant le servise,
Vint à son proisne sermoner,
Et dist qu'il fesoit bon doner
Por Dieu, qui reson entendoit;
Que Diex au double li rendoit
Celui qui le fesoit de cuer.
« Os, fet li vilains, bele suer,
Que noz prestres a en convent :
Qui por Dieu done à escient,
Que Diex li fet mouteploier ;
Miex ne poons-nous emploier
No vache, se bel te doit estre,
Que pour Dieu le donons le prestre ;
Ausi rent-ele petit lait.

— Sire, je vueil bien que il l'ait,
Fet la dame, par tel reson. »
A tant s'en vienent en meson,
Que ne firent plus longue fable.
Li vilains s'en entre en l'estable,
Sa vache prent par le lien,
Présenter le vait au doien.
Li prestres ert sages et cointes.
« Biaus Sire, fet-il à mains jointes,
Por l'amor Dieu Blerain vous doing. »
Le lien li a mis el poing,
Si jure que plus n'a d'avoir.
« Amis, or as-tu fet savoir,
Fet li provoires dans Constans,
Qui à prendre bée toz tans.
Va-t'en, bien as fet ton message,
Quar fussent or tuit ausi sage
Mi paroiscien come vous estes,
S'averoie plenté de bestes. »
Li vilains se part du provoire.
Li prestres comanda en oirre
C'on fasse pour aprivoisier
Blerain avoec Brunain lier,
La seue grant vache demaine.
Li clers en lor jardin la maine,
Lor vache trueve, ce me samble.
Andeux les acoupla ensamble ;
Atant s'en torne, si les lesse.
La vache le prestre s'abesse,
Por ce que voloit pasturer,

Mes Blere nel vout endurer,
Ainz sache le liens si fors,
Du jardin la traïna fors :
Tant l'a menée par ostez,
Par chanevières et par prez,
Qu'elle est reperie à son estre
Avoecques la vache le prestre,
Qui moult à mener li grevoit.
Li vilains garde, si le voit;
Moult en a grant joie en son cuer.
« Ha, fet li vilains, bele suer,
Voirement est Diex bon doublère,
Quar li et autre revient Blère;
Une grant vache amaine brune;
Or en avons nous .II. por une :
Petis sera nostre toitiaus. »
Par example dist cis fabliaus
Que fols est qui ne s'abandone;
Cil a li bien cui Diex le done,
Non cil qui le muce et enfuet;
Nus hom mouteplier ne puet
Sanz grant éur, c'est or del mains.
Par grant éur ot li vilains
.II. vaches, et li prestres nule.
Tels cuide avancier qui recule.

Explicit de Brunain la vache au Prestre.

XI

LA·
CHASTELAINE DE SAINT GILLE.

Manuscrit F. Fr. 837, fol. 114 v° à 116 r°

IL avint l'autrier à Saint Gille
C'uns chastelains ot une fille
Qui moult estoit de haut parage;
Doner la volt par mariage
A .I. vilain qui moult riche ère.
Ele respondi à son père :
« Si m'aït Diex, ne l'aurai jà.
Ostez-le moi, cel vilain là,
Se plus li voi, je morrai jà.

» Je morrai jà, dist la pucèle,
Se plus me dites tel novèle,
Biaus père, que je vous oi dire;
Si me gart Diex d'anui et d'ire,
Li miens amis est filz de conte;
Doit bien avoir li vilains honte,
Qui requiert fille à chastelain.
Ci le me foule, foule, foule,
Ci le me foule le vilain.

— Le vilain vous covient avoir,
Dist li pères, par estavoir;
Si arez à plenté monoie,
Çainture d'or et dras de soie. »
Ainsi li pères li despont;
Mès la pucèle li respont :
« Quanques vous dites rien ne vaut;
 Jà n'ère au vilain donée,
 Se cuers ne me faut.

» Cuers ne me faut encore mie,
Que jà à nul jor soie amie
A cel vilain por ses deniers;
S'il a du blé plain ses greniers,
S'a char de bacon crue et cuite,
Si la menjust; je li claim cuite;
Je garderai mon pucelage.
J'aim miex .I. chapelet de flors
 Que mauvès mariage.

» Mauvès mariage feroie,
Pères, se le vilain prendoie,
Quar son avoir et sa richece
D'avarisce le cuer li sèche;
Mès mon cuer me dit et semont
Que toz li avoirs de cest mont
Ne vaut pas le déduit d'amer.
 Se je sui joliete
 Nus ne m'en doit blasmer.

— Blasmer, bele fille, si fet;
Sachiez que li enfes qui fet
Contre le voloir de son père,
Sovient avient qu'il le compère.
— Pères, je ferai vo voloir,
Mès trop me fet le cuer doloir
Ceste chançons, et me tormente :
Nus ne se marie qui ne s'en repente.

» Repente, ce vueil-je bien croire,
Pères, que la chançon soit voire;
Cil se repent qui se marie;
Quar je me sui jà repentie
D'avoir mari ainz que je l'aie :
Li parlers tant fort m'en esmaie,
Que j'en ai tout le cuer mari.
J'aim miex morir pucele
Qu'avoir mauvès mari.

— Mauvès mari n'aurez-vous pas;
Mès fiancier isnel le pas,
Dist li pères, le vous covient. »
A tant ez li vilains qui vient,
Qui moult avoit le cors poli;
Au miex qu'il puet de cuer joli
S'est escriez à haute alaine :
L'avoirs donc au vilain fille à chastelaine.

» Chastelaine fu jà sa mère,
Chastelains est encor son père,

Mès granz povretez l'avirone,
Quar, por l'avoir que je li done,
M'a-il doné la pucelète :
S'en doi bien dire chançonette,
Quar je n'ai pas le cuer dolant :
Je prendrai l'oiselet tout en volant.

» En volant l'oiselet prendroie ;
Tant est li miens cuers plains de joie,
Dist li vilains, que ne puis dire,
Quant je sa grant biauté remire.
Lors cuide paradis avoir.
Qui por tel dame done avoir,
Si m'aït Diex, riens ne mesprent.
Nule riens à bele dame ne se prent.

» Nule ne se prent à celi
Dont li regars tant m'abeli,
Que son père le m'a donée;
Rose qui est encolorée
Ne se prent pas à sa color :
Je ne sent ne mal ne dolor,
En tant qu'il m'en sovient, par m'ame.
Diex ! com est douz li penssers
  Qui vient de ma dame.

» De ma dame ai .I. douz pensser,
Dont je ne puis mon cuer oster,
Adès i pens en regardant;
Si vair œil vont mon cuer ardant;

Ardant, voire, ce est de joie ;
Por son douz regart li otroie
Mon cuer, ne partir ne l'en vueil.
*En regardant m'ont si vair œil
Donez les maus dont je me dueil.*

» Je me dueil, se Diex me sequeure,
Quar je ne cuit jà véoir l'eure
Que j'aie de li mon solaz :
Ha ! gentiz prestres Nicholas,
Espousez-nous tost sanz nul plet. »
Dist le prestres : « Ce fust jà fet,
Mès ne sai quels est l'espousée.
— *Véez le la, demandez li
 Se m'amors li agrée.*

— Agrée-vous ceste novèle,
Dist li prestres à la pucèle,
Que vous doiez prendre et avoir
Cel vilain là por son avoir ? »
Ele respondi : « Biaus douz sire,
Je n'ose mon père desdire,
Mès jà ne li porterai foi.
 *Averai-je dont, lasse,
 Mon mari maugré moi ?*

» Maugré moi, voir, je l'averai,
Mès jà foi ne li porterai,
Sires prestres, bien le sachiez.
— Il ne me chaut que vous faciez,

Dist li prestres, je vous espouse. »
En chantant s'escrie la touse,
De dolant cuer come esbahie :
« *Je n'ai pas amouretes à mon voloir,*
  Si en sui mains jolie.

» Mains jolie si en serai,
Ne jamès jor ne passerai
Ne soie sole de plorer.
Diex ! or i puet trop demorer
Mes amis à moi revéoir ;
Par tens li porra meschéoir :
Trop lonc tens oubliée m'a :
S'il ne se haste, mes amis perdue m'a.

» Perdue m'a li miens amis ;
Je croi que trop lonc tens a mis
A moi venir reconforter ;
Quar li vilains m'en veut porter
Tout maintenant en sa contrée.
Douz amis, vostre demorée
Me fet de duel le cuer partir.
Au departir d'amoretes
  Doi-je bien morir.

» Morir doi-je bien par reson. »
A tant ez-vos en la meson
Son ami qui l'est venuz querre ;
Du palefroi mist piet à terre,
Et s'en entra dedenz la sale.

Cele qui ert et tainte et pale,
En chantant li prist à crier :
« *Amis, on m'i destraint por vous,*
Et si ne vous puis oublier.

» Oublier ne vous puis-je mie,
Que je ne soie vostre amie
Trestoz les jors que je vivrai,
Ne jamès jor ne vous faudrai
Tant com je aie el cors la vie ;
Por le vilain crever d'envie,
Chanterai de cuer liement :
Acolez-moi et besiez doucement,
Quar li maus d'amer me tient joliement.

» Joliement me tient, amis,
Li maus qui si lonc tens a mis
Mon cuer por vous en grant destrèce ;
Si com gelée la flor sèche,
M'a li vilains adès sechie ;
Mès des or mès sui raverdie,
Quant lèz moi vous sent et acole.
Mes cuers est si jolis
Por un poi qu'il ne s'envole.

» Vole, mes cuers, oïl, de joie ;
Or tost, amis, c'on ne vous voie,
Si me montez sor vo cheval ;
Se nos aviens passé cel val,
Par tens seriens en vo païs. »

Cil, qui ne fu pas esbahis,
La monte, et dist tel chançonette :
« *Nus ne doit lèz le bois aler*
  Sanz sa compaignète.

» Compaignète, ne vous anuit,
Quar en tel lieu serons anuit
Où li vilains n'aura poissance.
Alons souef, n'aiez doutance,
Je chanterai, s'il vous agrée :
J'ai bone amorète trovée ;
Or viegne avant cil qui le claime.
Ainsi doit aler fins cuers qui bien aime.

» Qui bien aime, ainsi doit aler. »
A tant ont véu avaler
Le chastelain sor son destrier ;
Li vilains li fu à l'estrier,
Qui sovent son duel renovele :
Et, quant a véu la pucele
Lèz son ami, se li deprie :
« *Por Dieu, tolez-moi quanques j'ai,*
  Si me rendez m'amie.

» M'amie me covient r'avoir,
Quar j'en donai moult grant avoir
Avant que l'éusse espousée. »
Dont s'est la pucèle escriée,
Se li dist un mot par contrère :
« Vilains, force le me fist fère,

Si n'est pas droiz que vous m'aiez.
Pis vous fet la jalousie
Que li maus que vous traiez.

» Vous traiez mal et paine ensamble ;
La rage vous tint, ce me samble,
Quant vous à mon père donastes
L'avoir de qoi vous m'achatastes
Ausi com se fuisse une beste :
Cranche les .II. iex de la teste
Vous menjust, et le cuer dedenz.
  Vostre jalousie
  Est plus enragie
  Que li maus des denz.

» Li maus des denz vous puist aerdre,
Ainçois que jamès me puist perdre
Cil qui me tient à son voloir ;
Trop m'avez fet le cuer doloir,
Vilains, bien devez avoir honte. »
Dont s'escria li filz au conte,
Cui ceste parole abeli :
« *Bele, quar balez et je vos en pri,*
Et je vous ferai le virenli.

» Le virenli vous covient fère. »
Et li vilains comence à brère,
Quant la parole a entendue ;
Mès riens ne vaut, il l'a perdue.
Cil est entréz dedenz sa terre ;

Si ami le venoient querre,
Qui tuit chantoient liement :
« *Espringuiez et balez cointement,*
Vous qui par amor amez léaument.

» *Léaument vous venons aidier.* »
Adonc n'ot cure de plaidier
Li vilains quant les a véus ;
Fuiant s'en va toz esperdus ;
Au chastelain s'en vint arrière ;
Se li a dist à basse chière :
« Fuions-nous-en, sauve la vie.
 La sainte Croix d'outre-mer
  Nous soit hui en aïe.

» En aïde nous puist hui estre
La sainte croix au roi celestre, »
Dist cil, qui vousist estre aillors ;
Fuiant s'en va plus que le cors,
Quar de paor li cuers li tramble ;
Toz ses parages i assamble,
Qui li ont dit, sanz demorer :
« *Vilains, lessiez vostre plorer,*
Si vous prenez au laborer.

— Au laborer me covient prendre,
Dist li vilains, sanz plus atendre,
Et gaaignier novel avoir.
Bien sai que ne fis pas savoir,
Quant me pris à si haut parage,

Et se g'i ai fet mon domage,
Ne m'en blasmez, por saint Remi ;
Se j'ai fet ma foliete,
Nus n'en aura pis de mi.

» De mi ne cuit-je qu'il ait homme
Qui soit mananz de si à Romme
A cui il soit pis avenu ;
Mais encor m'a Diex secoru,
Quant revenuz sui en meson ;
S'en doi bien dire par réson
Les vers que j'ai tant violé :
J'ai trové le ni de pie ;
Mais li piot n'i sont mie,
Il s'en sont trestuit volé.

» Volé en sont tuit li piot,
C'est-à-dire que tel i ot,
Mien escient, qui les en porte. »
Ainsi se plaint et desconforte
Li vilains. Or m'en partirai ;
De la pucèle vous dirai,
Qui chantoit de cuer liement :
 « *Jolietement m'en vois,*
   Jolietement.

» Jolietement m'i demaine
Bone amor qui n'est pas vilaine,
Qui du vilain m'a délivrée :
Or sui venue en la contrée
Dont mes amis m'a fet douaire ;

S'en doi bien par droit chançon faire,
Quar j'ai toz mes maus trespassez :
*J'ai amoretes à mon gré,
S'en sui plus joliete assez.*

» Assez en sui plus joliete. »
Au descendre la pucelète
Ot assez dames et pucèles,
Qui chantoient chançons noveles ;
Et, quant ce vint au congié prendre,
La pucèle, sanz plus atendre,
Les avoit à Dieu comandées :
« *A gironées depart Amors,*
  A gironées.

» *A gironées ai mon voloir ;*
Li vilains s'en puet bien doloir. »
L'escuiers devant la pucèle,
Qui tant estoit cortoise et bèle,
Dist : « J'ai en biau lieu mon cuer mis,
. . . .
Ne sera que ne face joie ;
 J'ai amiete
  Sadete,
  Blondete,
 Tele com je voloie. »

Explicit de la Chastelaine de Saint Gille.

XII

DE LA DENT.

(PAR ARCHEVESQUE.)

Bibliothèque imp., Mss. F. Fr. 837, f. 197 r° à 197 v°.

Li siècles est si bestornez,
Que je sui trop pis atornez
Por le siècle, qui si bestorne
Que toute valor se retorne
Et se recule, vaine et quasse,
Comme limeçon en sa chasse.
Or ne me sais mès comment vivre
Qui des bones gens sui delivre,
Qui me soloient maintenir;
Si ne me sais mès contenir,
Et, se j'en mon païs sejor,
L'en me dira mès chascun jor,
Se j'ai soufrete ne destrèce,
Que ce sera par ma perèce.
Se je vois au tornoiement,
On œuvre plus vilainement
C'on ne soloit des .XIII. pars;
Quar les veaus si sont liépars,
Et les chievres si sont lions.
Malement est baillis li hons
Qu'il estuet en lor manaie estre,

Quar li plus fort en sont li mestre,
Et li aver sont Alixandre.
Il n'est ne pie ne calandre
Qui me séust pas gosillier
Ce qui me fet si merveillier,
L'en me dit que chevalerie
Est amendée en Normendie,
Mès male honte ait qui le cuide;
Bien croi que terre i est plus vuide
De grant contens que ne soloit;
Chascuns l'autre fouler voloit,
Dont l'un est mort, l'autre envielliz.
Si est li siècles tressailliz
Por la mort qui trestout desvoie;
Mès par Dieu je me gageroie
Un denier d'argent ou d'archal,
Se Bertran et le Mareschal,
Els et Robert Malet vesquissent,
Et le chamberlanc, qu'il féissent
Encore miex en Normendie
Que cels ne font qui sont en vie,
Qu'il savoient plus biau doner,
Et le lor miex abandoner
Aus dames et aus chevaliers
Qui savoient bien les aliers
Qu'il apent à chevalerie;
Trop fesoient miex cortoisie
A toute gent lonc ce que erent.
Menesterels molt recomperent
De ce que ne vivent encore;

Quar ces mauvès qui vivent ore,
Donassent encor maugré lor :
Quar trop par fust grant deshonor
Se ces preudes hommes donaissent,
Et cil des iex les esgardaissent ;
Véoir doner sanz doner rien,
Tost se descouvrist lor merrien :
Quar l'en voit bien, ce est la somme,
Quant mauvès est delez preudomme,
Que c'est molt diverse partie.

Il ot un fèvre en Normendie
Qui trop bel arrachoit les denz :
En la bouche au vilain dedenz
Metoit .I. laz trop soutilment,
Et prenoit la dent trop forment,
Puis fesoit le vilain bessier
Por entor l'enclume lier
Le laz qui li tient à la joe.
Ne péust pas .I. oef d'aloe
Estre entre l'enclume et la cane,
Et quant li fevres se rassane
Aus tenailles et au martel,
Si chaufe son fer bien et bel,
Et soufle et buffe et se regarde ;
Et celui ne se done garde
Qui à l'enclume est atachiez,
Quar le fevre qui l'a laciez,
Ne fet samblant de nule rien,
Ainz chaufe son fer bel et bien.

Quant s'esporduite est bien chaufée,
Et bien boillant et embrasée,
Si porte son fer sor l'enclume,
Qui tout estincele et escume,
Et cil sache à soi son visage;
Si demeure la dent en gage,
Et cil porte toz jors son fer.
« Toz les vis déables d'enfer
Vous apristrent or denz à trère »,
Fet celui, qui ne set que fère,
Ainz est esbahis de péur,
Qu'il n'est mie bien aséur,
Quant il méismes si briefment
Esrache maugré sien sa dent.

Autressi maugré lor donoient
Cil aver, quant il esgardoient
Que Malet toute jor donoit,
Que le fer el feu si tenoit
Chaut de valor et alumez,
Que tuit fussent ars et brullez
Cels qui près de li se tenissent,
S'à son chaut fer ne guenchéissent;
Quar preudom ne puet miex uller
A mauvès les grenons nuller
Ne plus cointement les denz trère,
Que par bonté entor lui fère.
Preudom tient toz jors l'espreduite
Et si chaufée et si conduite,
Que Honte art et Honor alume

Toz cels qui sont près de s'enclume.
Covient lors querre si se traient
Ou qu'il devisent ou qu'il traient,
Et s'aucuns le preudomme esloingne
Por la paor que il ne doingne,
Sachiez bien que trop li meschiet,
Puis qu'il gandist c'onor li chiet;
Mès l'onor au preudom demeure
Comme la dent en icele eure
Fist au fèvre com je vous di,
Quant cil por son chaut fer gandi,
Por qoi il a sa dent perdue,
Qui demora au laz pendue.
Savez-vous qui j'apel le laz?
Sens et cortoisie et solaz ;
Quar sens lace et lie la gent,
Sens est le laz et bel et gent
Qui prent honor et lie et lace,
Et les mauvès les denz arrache.

 Archevesques si mande et prie
Aus Escuiers de Normandie
Et aus plus riches damoisiaus,
Quels qu'il soient, viex ou noviaus,
Por l'amor Dieu, que s'entremetent
Que le fer tantost el feu metent,
Et que le laz n'oublient mie
De sens qui la gent lace et lie;
Ne le martel de la proesce,
Ne l'espreduite de larguece.
Mès il ont molt poi d'examplère

Por bien aprendre denz à trère,
Certes je ne sai en quel lieu.
Mès or lor soviengne por Dieu
Du bon aprentis du Nuef-borc;
Bien lor en membre je sitor,
Et du jemble au fer de molin,
Dont le vimon est au declin,
Et je lo bien que lor soviengne,
Et que chascuns si se contiegne
Que valor soit avant boutée,
Qui, vaine et quasse, est reculée
Comme en sa chasse limeçon,
Et que il metent contençon
Qu'il s'atornent en tel manière
Qu'il retornent trestuit arrière
Cest siècle, qui est bestornez,
Qu'arrière soit desbestornez,
Si qu'autressi atornez soie
Comme atornez estre soloie.

Explicit le dit de la Dent.

XIII

DES .II. CHEVAUS.

Manuscrit F. Fr. 837, f. 248 r° à 249 v°.

CIL qui trova d'el Morteruel,
Et d'el mort vilain de Bailluel,
Qui n'ert malades ne enfers,
Et de Gombert et des .II. clers
Que il mal atrait à son estre,
Et de Brunain la vache au prestre,
Que Blere amena, ce m'est vis,
Et trova le songe des vis
Que la dame paumoier dut,
Et du Leu que l'oue deçut,
Et des .II. Envieus cuivers,
Et de Barat et de Travers
Et de lor compaignon Haimet,
D'un autre fablel s'entremet,
Qu'il ne cuida jà entreprendre ;
Ne por Mestre Jehan reprendre
De Boves, qui dist bien et bel,
N'entreprent-il pas cest fablel,
Quar assez sont si dit resnable ;
Mès qui de fablel fet grant fable,
N'a pas de trover sens legier.

Mès, por ma matère abregier,
Vous conterai tout demanois
Qu'il avint en cel Amienois.
　A Lonc Eve sor la rivière
Mest un vilains, ce m'est avière,
Qui onc n'estoit huiseus trovez,
Mès traveilliez et aouvrez
De messonner et de soier ;
Si menoit jarbes à loier
D'un roncinet de povre coust,
Qu'il avoit très devant aoust
Moult mal péu, et bien pené,
Et si en avoit amené
Son blé, ainz l'aout, por l'orage.
Poi ot avaine, et poi forage,
Por bien sa beste gouverner ;
Mais, por ce qu'il ne pot juner,
Et por argent qu'il en vout prendre,
Se penssa qu'il le menra vendre ;
Ainsi avint com je vos di,
Et, quant ce vint au samedi,
Si matinet come il ajorne
Li vilains son roncin atorne,
Et frote, et conroie, et estrille ;
En .I. blanc chevestre de tille,
Le maine sanz sele et sanz frain,
Bien sanble roncins mors de fain ;
Si estoit-il, poi s'en faloit.
Tout ainsi com il s'en aloit
Sor le roncin, qui dur le porte,

Et il tresvint devant la porte
St Acueil, une prioré.
Iluec n'ot gueres demoré
Quant uns rendus de la meson
Ist hors, si l'a mis à reson,
Qui estoit venuz au serain;
Si li dist au mot premerain :
« Amis, quel part vous menra Diex ?
Est cil roncins jones ou viex ?
Par samblant n'est-il gueres chiers.
— Foi que doi vous, biaus sires chiers,
Tel com il est le m'estuet prendre,
Tant que je le truise à cui vendre.
Mon vuel fust-il granz et pleniers,
Si en éusse plus deniers,
Si ne m'éussiez pas gabé.
— Foi que doi mon seignor l'abé
Fet cil, et l'ordre dont je sui,
Ainc ne le dis por vostre anui,
Ne por vous de riens agrever;
Ausinc volons-nous alouer
.I. no roncin qui céenz est;
Se vos i savez vo conquest,
Nous le bareteriens au vostre;
Venez enz, si verrez le nostre;
Si fesons marchié, Diex, tant bien ;
Se ce non, chascuns r'ait le sien,
Puis resoions amis come ains.
— Je l'otroi bien, » dist li vilains.
A tant s'en entrent en la cort,

Li renduz en l'estable cort,
Si en a trait .I. roncin fors,
Qui n'estoit mie des plus fors
C'onques vi, ne des plus vaillanz,
Ainz estoit maigres et taillanz,
Dos brisié, mauvès por monter;
Les costes li pot-on conter;
Hauz ert derrière, et bas devant,
Si aloit d'un pied sousclochant,
Dont il n'estoit preu afaitiez;
N'estoit reveleus ne haitiez,
N'il n'avoit talent de hennir.
Quant li vilains le vit venir,
Si l'esgarda moult d'en travers.
« Que regardez, fet li convers ?
Encor soit-il povres et maigres,
S'est-il plus taillanz et plus aigres
Que tel vendera-l'en .C. sous;
Mès il ne fu piéça saous,
S'est chascun jor bien aouvrez.
Il seroit bien tost recouvrez,
S'il ne fesoit œvre grevaine,
S'éust du fuerre et de l'avaine ;
Por qu'il i péust avenir,
On n'auroit en lui que tenir,
Et si set bien s'avaine maurre.
Dites combien voudrez-vous saurre,
Je le vous metrai à droit fuer. »
Li vilains sorrist de mal cuer
De ce qu'il ot dire au rendu.

« N'avez mie encor tout vendu,
Dist li vilains; par mon chapel,
Bien me volez vendre la pel,
Quar en lui ne voi-je mès rien,
Fors le vendage del cuirien.
Roncins qui n'a valor ne force
Est bien dignes que on l'escorce;
S'ai tel engaigne, que je muir,
Qui me rouvez soudre à cel cuir;
Mès vez ci roncin bien vendable,
Fols est qui le tient en estable;
Bons est par tout où l'en l'aderce,
Bons en charrue, bons en erce,
Et bons ès trais et ès limons,
Ne onques ne vit toz li monz
Meillor roncin, ne plus isnel;
Il cort plus ne vole arondel.
Je ne me vois mie esmaiant
Se nus veut roncins bien traiant
Por un grant mont à devaler,
Que il en lest cestui aler,
Por que l'en adroit li apiaut.
Mès je me merveil que ces piaut
Que vous m'avez tant detrié,
Et si vous avoie prié
Que vous ne me gabissiez pas;
Or fusse à Amiens tout le pas,
Que que m'avez ci amusé.
— Moult avez ore refusé,
Fet li convers, et avillié

Mon roncin maigre et escillié,
Et le vostres fêtes si preu ;
Mais nous saurons de si à peu
Liquels sera miez alosez,
Se le vostre esprover volez.
Mettons les roncins keue à keue,
Et si soit qui bien les aneue,
Et se li nostres puet tant fère
Qu'il puist le vostre à force trère
Dusques là sus à cele grange,
Perdu l'avez sans nule eschange ;
Et, se li vostres est tant fors,
Qu'il puist le nostre trère fors
De cele porte seulement,
Mener l'en poez cuitement ;
Ainsi doit-on prover sa beste. »
Ce dist li vilains : « Par ma teste,
Marchéant avez encontré ;
Ainsi vueil-je qu'il soit graé,
Et si veuil que tout maintenant
Soient tenu li convenant.
— Je l'otroi bien, » fet li convers.
Le sien a par la keue aers,
Qu'il avoit moult et mate et souple,
Andeux ensamble les acouple,
Puis fut chascuns devers le suen ;
Si ot verge tout à son buen,
Dont granz cops lor donnent et rendent.
Et li roncin tirent et tendent
Com cil qui ne s'osèrent faindre ;

Les neus font serrer et estraindre,
Mès, por tirer ne por sachier,
Ne les porent desatachier;
Moult ont les crepons estenduz.
« Qu'est-ce, Baillet, fet li renduz ?
Gardez que cil ne vous eschape. »
Adonc de la verge le frape,
Fiert et frape et done granz cops.
Et li vilains ne fu pas fols,
Qu'il vueille Ferrant affoler,
Ainz le lest assez reculer,
Por celui lasser et recroire;
Et li rendus, ce poez croire,
Fu liez quant vit Baillet errant,
Et il vit reculer Ferrant,
Moult li croist le cuer et engrange.
« Baillet, fet-il, voiz ci la grange,
Garde que l'onor en soit tiue. »
Mès Baillet a fète la siue,
Qu'il ne puet mès ne ho ne jo,
Ainz areste sanz dire ho ;
D'angoisse li batent li flanc.
Quant li vilains le vit estanc
Qu'il ne puet mès tirer ne trère :
« Ferrant, fet-il, or del bien fère,
Gentiz beste de bone essonre. »
Quant li roncins s'oï semondre,
Des piez devant s'aert à terre,
Que de l'un des piez se defferre;
Le fer fet voler contremont,

Et li vilains coite et semont
Ferrant, qui trait et tire fort,
Et Baillés arrière ressort ;
A cele premeraine pointe,
L'en maine de cul et de pointe
Vers la porte tout le grant cors;
Traïnant ausi com un ours,
Enmenoit, à col estendu,
Et le roncin et le rendu,
Qui moult dolenz après le siut.
Si com de la porte issir dut,
Et li renduz connuit bien l'uevre
Que Baillés si vilment se prueve,
Que cil si vilment entraïne,
Son coutel tret de sa gaïne,
Ne set coment il le reskeue,
A Ferrant a copé la keue ;
Se li a alegié son fais;
De la porte tout à .I. fais
S'en issirent andui ensamble.
Li renduz fiert la porte ensamble,
Puis s'en repère à son ostel.
Li vilains n'en pot avoir el,
N'il ne pot pas desouz mucier;
Ne sot tant brère ne huchier
Que cil li vousist mot respondre.
Puis le fist à Amiens semondre
A la cort par devant l'evesque,
Qui bien leur enquiert et enpesque
Comment il lor fu avenu ;

Puis ont lonc tens le plait tenu,
Qu'ainz ne lor en fist jugement.
Or vous proi-je communement
Qu'entre vous m'en dîtes le voir,
Se li vilains le doit avoir.

Explicit des .II. Chevaus.

XIV

DE L'ENFANT
QUI FU REMIS AU SOLEIL.

Manuscrit F. Fr. 837, f. 241 v° à 242 r°.

Jadis se fu uns marchéanz
Qui n'estoit mie recréanz,
Ne de gaaignier esbahis,
Ainz chercha sovent maint païs
Por ses denrées emploier;
De son avoir mouteploier
Ne fu pas sovent à sejor.
De sa fame se part .I. jor,
Et va en sa marchéandise;
Ainsi com cis contes devise,
Bien demora .II. anz entiers.
La marchéande endementiers
Fu ençainte d'un bacheler;
Amors, qui ne se pot celer,
Mist l'un et l'autre en tel desir,
Que ensamble les fist gesir;
Mès lor œvre ne fu pas fainte,
Quar la dame en remest ençainte;
.I. fil en ot, ainsi avint.

Et, quant li marchéanz revint,
A fuer de sage se prova.
De l'enfançon que il trova
A sa fame reson demande.
« Ha, sire, fet la marchéande,
Une foiz m'estoie apoïe
Là sus à vo haute poïe,
Moult dolente et moult esplorée
Tout por la vostre demorée,
Dont g'ère en moult grant desconfort ;
Yvers ert, si nègoit moult fort ;
Amont vers le ciel esgardoie,
Et je, qui point ne me doutoie,
Par meschief reçui en ma bouche
.I. poi de noif, qui tant fu douce
Que cel bel enfant en conçui
D'un seul petit que j'en reçui ;
Ainsi m'avint com je vous di. »
Et li preudom li respondi :
« Dame, ce soit à bon éur ;
Des or mès sui-je tout séur
Que Diex m'aime, seue merci,
Quant cest bel oir que je voi ci
Nous consent ainsi à avoir ;
Ausi n'avions-nous nul oir,
Et cist ert preudom, se Dieu plest. »
Ne plus ne dist, ainçois se test,
Ne de son cuer point ne gehi.
Et li enfes crut et tehi,
Et prist moult bone norreçon,

Mès toz jors fu en soupeçon
Li preudom, et en porvéance
Qu'il en voie sa delivrance.
Quant l'enfes ot .XV. anz passez,
Cil, qui n'est mie respassez
De son mal, qui moult est irais,
A sa fame s'est un jor trais,
Et dist : « Dame, ne vous griet pas
Que demain vueil, sans nul trespas,
En marchéandise r'aler ;
Fetes tost mes dras enmaler,
Moi auques matin esveillier,
Et vostre fil appareillier,
Q'o moi le vueil mener demain.
Savez-vous porqoi je l'i main ?
Jel vous dirai sans demander :
Por aprendre à marchéander
Entruès qu'il est de jone aage.
Jà ne verrez home fin sage
De nul mestier, sachiez sanz doute,
Se il n'i met son sens et boute
Ainçois qu'il ait usé son tans.
— Sire, bien m'i suis assentans ;
Mais encore, s'il vous pléust,
Mon fils encor ne s'en méust ;
Et, puis que voz plesirs i est,
Au contredit n'a point d'aquest,
Ne desfendre ne m'en porroie :
Demain vous metrez à la voie,
Et Diex, qui là sus est et maint,

Vous conduie, et mon fils ramaint,
Et doinst la bone destinée. »
A tant fu la reson finée,
Et li preudom matin se liève,
Cui ses afères point ne griève,
Quar sa chose li vient à point.
Mais la dame n'abelist point
Ce qu'ele en voit son fil aler,
Que de li part sanz retorner.
Et li preudon o lui l'en guie
Tout le chemin lèz Lombardie.
Ne conterai pas lor jornées,
Que tantes terres ont passées,
Qu'à Genes droit s'en sont venu ;
A .I. ostel sont descendu.
Li preudon a changié Agraine
A .I. marchéant qui l'enmaine
En Alixandre por revendre.
Et cil, tantost sans plus atendre,
Qui le fil sa fame vendi,
A son autre afère entendi ;
Lors repera en sa contrée,
Et tante terre a trespassée
Qu'à son ostel vint et descent ;
Mès ne le vous diroient cent
Le duel que la Dame demaine
De son fil que pas ne ramaine.
Sovent se pasme, ainsi avint,
Et, quant de pasmoison revint,
En plorant li requiert et prie,

Por amor Dieu, que il li die
De son fil qu'il est devenuz.
De respondre ne s'est tenuz
Cil, qui moult biau parler savoit.
« Dame, selonc ce que l'en voit
Doit chascuns le siècle mener;
Quar en trop grant duel demener
Ne puet-il avoir nul conquest.
Savez-vous que avenu m'est
Enz el païs où j'ai esté?
Par un chaut jor el tens d'esté,
Jà estoit miedis passez,
Et li chauz ert moult trespassez,
Lors erroie-je et vo fiex,
Lez moi. . . . .
Deseure un mont qui tant fu hauz;
Li solaus, clers, ardanz et chauz,
Sor nous ardanz raiz descendi,
Que sa clarté chier nous vendi,
Que vos fil remetre covint
De l'ardeur qui du soleil vint.
A ce sai bien et aperçoif
Que vostre filz fu fez de noif,
Et por ce pas ne m'en merveil,
S'il est remis el chaut soleil. »
La dame s'est aperçéue
Que son mari l'a deçéue,
Qui dist que son filz est remis.
Or li est bien en lieu remis
Ses engiens, et tornez à perte,

Dont folement estoit couverte :
Bel s'en est ses sires vengiez,
Qui laidement fu engingniez
Et par paroles et par dis ;
Mès jamès n'en sera laidis
Por ce qu'ele se sent meffette ;
Ses meffez a ceste pais fete ;
Bien l'en avint qu'avenir dut
Qu'ele brassa ce qu'ele but.

Explicit de l'enfant qui fu remis au soleil.

XV

DES .III. DAMES
QUI TROUVERENT L'ANEL.

Manuscrit F. Fr. 837, f. 118 r° à 119 v°.

Oiez, seignor, un bon fablel.
Uns clers le fist por un anel
Que .III. dames .I. main trovèrent.
Entre eles .III. Jhesu jurèrent
Que icele l'anel auroit
Qui son mari mieux guileroit
Por fère à son ami son buen,
L'anel auroit et seroit sien.
   La première se porpenssa
En quel guise l'anel aura.
Son ami a tantost mandé;
Quant il sot qu'el l'a comandé,
Si vint à li delivrement,
Quar il l'amoit moult durement,
Et ele lui, si n'ot pas tort.
Del meillor vin et del plus fort
C'on pot trover en cele terre
Fist la dame maintenant querre,
Et si ot quis dras moniaus

Qui assez furent bons et biaus;
Del vin dona à son mari;
Il en but tant, je le vous di,
Qu'il ne savoit où il estoit ;
Acoustumé pas ne l'avoit.
Quant li preudom fu endormi,
Entre la dame et son ami
L'ont pris et rez et l'ont tondu
Et coroné; tant ot béu
Que l'en le péust escorcier.
La dame et son douz ami chier
Le prenent, et si l'ont porté
Droit devant la porte à l'abé,
Dont il erent assez prochain.
Iluec jut jusqu'à lendemain
Que Dame Diex dona le jor;
Il s'esveilla, si ot paor,
Quant il se vit si atorné;
« Diex! dist-il, qui m'a coroné?
Est-ce donc par vostre voloir?
Oïl, ce puet-on bien savoir,
Que nus fors vous ne le m'a fait;
Or n'i a donc point de deshait,
Vous volez que je soie moine,
Et jel serai sanz nule essoine. »
Maintenant sor ses piez se drèce;
Grant oirre, que ne s'aperèce,
Vient à la porte, si apèle.
Li abes ert à la chapèle,
Qui maintenant l'a entendu;

La porte ouvri : quant l'a véu
A pié, et sanz ame, toz sous :
« Frère, fet-il, qui estes-vous?
— Sire, dist-il, je suis uns hom;
Estre vueil de relegion;
De ci près sui vostre voisin.
Sachiez que encore ier matin
Ne savoie ceste aventure;
Mès Dame Diex, qui tout figure,
M'en a doné si bon talent
Et moustré si cortoisement,
Sire, com vous m'oez conter,
Quar il m'a fet ci aporter
Tout coroné et tout tondu,
Come autre moine revestu.
Fetes-moi mander ma moillier,
Et se li ferai otroier.
De ma terre et de mon avoir
Vous ferai tant céenz avoir,
Que toute en aurez ma partie
Por estre de vostre abéie. »
Li abes covoita la terre;
Si envoia la dame querre,
Et ele i vint delivrement;
Quar bien savoit à escient
Por qoi li abes l'ot mandée.
Et, quant el fu léenz entrée
Et ele a véu son seignor :
« Sire, por Dieu le créator,
Volez-vous moines devenir?

Je nel porroie pas soufrir. »
A la terre chéi pasmée;
Par faint sanblant s'est demorée
Une grande pièce à la terre;
Samblant fet que li cuer li serre.
Li abes li dist franchement :
« Dame, cest duel est por néent;
Vous déussiez mener grant joie :
Vostre sire est en bone voie ;
Diex l'aime, ce poez savoir
Qui à son oès le veut avoir. »
El l'otria à quelque paine ;
Uns gars à son ostel l'enmaine,
Où ele trova son ami.
Maint preudome a esté trahi
Par fame et par sa puterie.
Cil fu moines en l'abéie,
Où il i fu moult longuement.
Por ce chasti-je toute gent
Qui cest fablel oient conter,
Qu'il ne se doivent pas fier
En lor fames, n'en lor mesnies,
Se il nes ont ainz essaïes
Que plaines soient de vertuz;
Mains hom a esté decéuz
Par fame et par lor trahison.
Cil fu moines contre reson,
Qui jà en sa vie nel fust,
Se sa fame nel decéust.

    La seconde a moult grant envie

De l'anel; ne s'oublia mie,
Ainz se porpensse comment l'ait;
Moult fu plaine de grant agait.
Il avint à .I. vendredi,
Tout ainsi com vous orrez ci,
Ses sire ert au mengier assis,
Anguilles avoit jusqu'à .VI.;
Les anguilles èrent salées
Et sechies et enfumées.
« Dame, dist-il, quar prenez tost,
Ces anguilles cuisiez en rost.
— Sire, céenz n'a point de feu.
— Et jà en a-il en maint leu
Ci près; alez-i vistement. »
La dame les anguilles prent,
Et trespassa outre la rue;
Chiés son ami en est venue.
Quant il la vit, moult ot grant joie,
Com se il fust sire de Troie,
Et la dame grant joie maine.
Iluec fu toute la semaine,
Et l'autre jusqu'au vendredi.
Quant vint à eure de midi,
La dame apela .I. garçon :
« Gars, dist-ele, va en meson,
Et saches que mon seignor fait. »
Li gars moult tost à l'ostel vait;
La table ert mise, et sus .II. pains,
Et li preudons lavoit ses mains;
Asséir devoit maintenant.

Li gars vint arrière courant,
Et dist : « Vostre mari menjue. »
Cele ne fu mie esperdue ;
Chiés son voisin en est entrée,
Et le preudon l'a saluée,
Et la dame le resalue.
« Sire, dist-el, je sui venue
Anguilles cuire à mon seignor ;
Nous avons juné toute jor ;
Jel laissai or moult deshaitié ;
Il n'avoit encore hui mengié. »
Les anguilles rosti moult tost ;
Quant il fu droiz que on les ost,
Si les a prises en son poing.
Son ostel n'estoit gueres loing,
Et ele i fust moult tost venue ;
Très devant son mari les rue :
« Huis, dist-el, je sui eschaudée. »
Et li preudom l'a resgardée ;
Sor ses piez saut comme dervé.
« Pute, où avez-vous tant esté ?
Vous venez de vo puterie. »
Et la dame à haute voiz crie :
« Harou, aïde, bône gent. »
Et il i vindrent esraument,
Et li preudom i fu venu,
Chiés qui la pautonière fu
Por les .VI. anguilles rostir.
« Sire, dist-el, venez véir ;
Me sire est de son sens issu ;

Ne sai quel mal il a éu;
Je me parti ore de ci...
— Voire, pute, dès vendredi. »
Cil entendirent qu'il a dit
Qu'ele au vendredi s'en partit.
Cil de toutes pars l'ont saisi,
Li preudom fu si esbahi
Que il ne sot qu'il péust dire.
Chascuns le desache et detire,
Les mains li lient et les piez,
Bien est matéz et cunchiiéz;
Puis s'en issirent de l'ostel,
Quar la pute ne queroit el.
L'en lor demande où ont esté :
« Chiés dant Jehan, qui est dervé;
Si est grant duel et grant domage,
Quar orendroit li prist la rage
Qu'il voloit sa fame tuer. »
Cele ne se volt oublier,
Ainçois a mandé son ami,
Et il vint maintenant à li;
En sa chambre l'en a mené,
Par .I. pertuis li a moustré
Com li vilains estoit liié;
Bien l'a maté et cunchiié,
Et bien vaincu par son barat.
Li vilains reproche du chat
Qu'il set bien qui barbes il lèche;
Cestui a servi de la mèche;
Mès, s'il éust cuer de preudome,

Il s'en venjast à la parsome.
  Or oiez de la daerraine,
Qui nuit et jor fu en grant paine
En quel guise l'anel aura.
Son ami ot que moult ama ;
Sachiez point n'en remest sor lui ;
Moult s'entr'amèrent ambedui.
.I. jor l'ot la dame mandé ;
Quant il sot qu'el l'ot comandé,
Si vint à li tout sanz demeure,
Et la dame en méismes l'eure
Li dist : « Biaus amis, longuement
Vous ai aimé moult folement ;
Toz jors porroie ainsi muser ;
Bien porroie mon tens user
En fole vie et en mauvaise ;
Se vous de moi avez mesaise,
Moult seroie fole et musarde ;
Maus feus et male flambe m'arde
Se vous jamès o moi gisez
Se vous demain ne m'espousez.
— Dame, dist-il, por Dieu merci,
Jà avez-vous vostre mari ;
Coment porroit ce avenir ?
— De grant folie oi plet tenir,
Dist-ele ; j'en pensserai bien,
Jà mar en douterez de rien,
Mès vous ferez à mon talent.
— Dame, à vostre comandement
Ferai. » Jà n'en ert desdaignie.

Lors li a la dame enseignie
Qu'au soir viegne por son mari,
Et si le maint avoeques li
Chiez dant Huistasse le fil Tiesse,
Où il a une bele nièce,
Que volez prendre et espouser,
Se il la vous voloit doner;
Et g'irai là sanz demorer;
Jà tant ne vous saurez haster,
Que je n'i soie avant de vous :
Iluec nous troverez andous,
Où j'aurai mon afère fait
A Huistasse tout entresait,
En tel guise que vous m'aurez,
Se Dieu plest, et me recevrez
Très pardevant nostre provoire.
Mon seignor ne saura que croire,
Qu'il m'aura après lui lessie;
Je serai si appareillie
Que je aurai changiez mes dras
Que il ne me connoistra pas,
Et me fiancerez demain
Très pardevant no chapelain.
A mon mari direz : Biaus sire,
El non de Dieu, el non saint Sire,
Ceste fame me saisissiez.
Il en sera joianz et liez,
Et bien sai que il me donra
A vous, et grant joie en aura,
Et, s'il ainsi me veut doner,

Je di que ce n'est pas prester. »
Issi fu fet, issi avint.
Toute sa vie cil la tint
A cui son mari la dona;
Por ce que il ne li presta
Ne la pot onques puis r'avoir.
    Mès or vueil-je par vous savoir
Laquele doit avoir l'anel.
Je di que cele ouvra moult bel
Qui moine fist de son seignor;
Et cele r'ot-el grant honor
Qui le suen fist prendre et loier,
Et par estavoir otroier,
Et toz les .VIII. jors mesconter;
Ceste se refist espouser
En tel manière à son ami.
Or dites voir, n'i ait menti,
Et si jugiez réson et voir
Laquele doit l'anel avoir.

Explicit des .III. Dames qui trovèrent l'anel.

XVI

DU CHEVALIER

QUI FIST SA FAME CONFESSE.

Manuscrit F. Fr. 837, f. 199 r° à 200 v°.

En Beesin, moult près de Vire,
Une merveille j'oï dire
D'un Chevalier et de sa fame,
Qui moult estoit cortoise fame
Et moult proisie en sa contrée;
A la meillor estoit contée,
Et li sires tant se fioit
En sa moillier, et tant l'amoit,
Que de rien cure ne prenoit;
Tout li ert bon quanques fesoit,
Que jà nule riens ne féist
Se il séust qu'il ne vousist.
Ainsi vesquirent longuement,
Qu'entr'eus n'ot point de mautalent,
Fors tant, ne sai par quel manière,
Que la dame, qui moult fu chière,
Devint malade et acoucha;
De .III. semaines ne leva.
Grant paor ot qu'el ne morust.

Tant que son terme venu fust,
De son provoire fu confesse;
Du sien donna et fist grant lesse.
Ne se vout pas à tant tenir;
Son seignor fist à li venir
Et se li dist : « Biaus sire chiers,
Du conseil de moi fust mestiers;
Uns moines maint moult près de ci,
Sainz hom est moult, ç'avons oï;
A m'ame fust grant preu, ce cuit,
Se je fusse confesse à lui.
Sire, pour Dieu, sanz nule aloingne,
Quar me fetes venir le moine;
Grant mestier ai de lui parler. »
— Dame, dist-il, vez m'i aler,
Nul meillor més de moi n'i a;
Je cuit jel vous amenrai jà. »
A ces paroles s'en torna;
Sor un cheval qu'il ot monta ;
A la voie se mist amblant,
Et de sa fame moult penssant.
« Diex! penssa, s'il tant a esté
Ceste fame de grant bonté,
Ce saurai-je, se Diex m'aït,
S'ele est tant bone com l'en dit;
Jà n'i aura confession,
Par le cuer Dieu, se de moi non;
En leu de moine à li vendrai,
Et sa confession orrai. »
En ce qu'en cest penssé estoit

Et devise qu'estre en porroit,
Chiés le prior en vint manois,
Qui fu prudon et moult cortois;
Et, quant le priéor vit li,
Encontre lui moult biau sailli;
Bel l'apela, sel fist descendre,
Puis si a fet son cheval prendre;
Puis li a dit : « Par l'ordre Dé,
Or m'avez-vous servi à gré
Quant vous m'estes venuz véoir
Com vostre ami, et remanoir;
De herbregier grant joie en ai;
Por vous la cort amenderai. »
Li chevaliers li dist : « Biaus sire,
Grant gré vous sai certes du dire,
Mès ne puis mie herbregier;
Venez o moi çà conseillier. »
Quant il l'ot tret à une part :
« Sire, fet-il, se Diex me gart,
Grant mestier ai de vostre aïe;
Gardez que ne me failliez mie;
Se voz dras noirs me presterez,
Ainz mie-nuit toz les r'aurez,
Et voz granz botes chaucerai,
Et je ma robe vous lerai
Céenz avez mon palefroi,
Et le vostre menrai o moi. »
Le moine tout li otria
Quanque il quist et demanda,
Et, quant fu nuis, les dras vestit;

Il chanja trestout son abit ;
Desus le palefroi monta
Au moine, qui souef ambla ;
Lors s'en parti de maintenant,
En sa méson en vint amblant.
 Dedenz entra, bien fu enbronc,
Bien s'enbroncha ou chaperon,
Quar ne voloit, ce cuit-je bien,
Que l'en le connéust de rien.
La méson ert auques obscure ;
Uns gars sailli grant aléure
Encontre lui por lui descendre.
A une fame se fist prendre
Par la gonne ; s'el mena droit
Là où la dame se gisoit.
« Dame, dist-el, le moine est ci,
Que vous mandastes dès ier ci. »
Et la dame si l'apela.
« Sire, dist-el, séez-vous ça
Delèz cest lit, quar moult m'empire
Mon mal ; si crieng que je me muire,
Que nuit ne jor point ne me cesse ;
Si vueil de vous estre confesse.
— Dame, dist-il, ce sera sens,
Tant come avez et lieu et tens,
Quar nus ne nule ne set mie
Esmer de soi, ne de sa vie.
Por ce vous di, ma douce dame,
Qu'aiez merci de la vostre ame ;
Pechié celé, ce truis escrit,

L'ame et le cors ensamble ocist;
Por ce vous di et vous chasti
Que vous aiez de vous merci. »
Et la dame, qui ou lit fu,
Trestout en autre siècle fu;
De son seignor ne conut mie,
Por le grant mal qui l'ot saisie,
Quar sa parole entrechanjoit;
En la chambre lumière n'ot,
Fors d'un mortier qu'iluec ardoit;
Point de clarté ne lor rendoit,
Ne gent n'avoit en cel ostal
Qui séussent guères de mal.
« Sire, moult ai esté proisie,
Mès je suis fausse et renoïe;
Sachiez de voir, tele est blasmée
Qui vaut moult miex que la loée;
C'estoie-je qui los avoie,
Mès moult mauvèse fame estoie,
Quar à mes garçons me livroie,
Et avoeques moi les couchoie,
Et d'aus fesoie mon talent;
Moie coupe, je m'en repent. »
Et, quant li chevaliers l'oï,
De mautalent le nez fronci;
Moult par vousist et desirrast
Que mort soubite l'acorast.
« Dame, dist-il, pechié avez :
Dites avant, se vous savez;
Mès bien vous déussiez tenir,

Dame, s'il vous fust à plesir,
A vostre espous, qui moult vaut miex,
Ce m'est avis, par mes .II. iex,
Que li garçons; moult me merveil.
— Sire, se Diex m'envoit conseil
A ceste ame, je vous dirai
La vérité si com je sai.
A paine porroit-l'en choisir
Fame qui se puisse tenir
A son seignor tant seulement,
Jà tant ne l'aura bel et gent;
Quar la nature tele en ont,
Qu'els requierent, ce sachiez-vous,
Et li mari si sont vilain
Et de grant felonie plain,
Si ne nous oson descouvrir
Vers aus, ne noz besoins gehir,
Quar por putains il nous tendroient,
Se noz besoins par nous savoient;
Si ne puet estre en nule guise
Que n'aions d'autrui le servise.
— Dame, dist-il, bien vous en croi;
Dites avant, se savez qoi.
— Sire, dist-ele, oïl assez,
Dont li miens cors est moult grevez,
Et la moie ame en grant fréor;
Que le neveu de mon seignor
Tant l'amoie en mon corage,
Ce m'estoit vis, que c'estoit rage,
Et sachiez bien que je morusse,

Se mon plesir de lui n'éusse;
Tant fis que je o lui pechai,
Et que .V. anz, je cuit, l'amai.
Or m'en repent vers Dieu. — Aïe,
Dame, dist-il, c'estoit folie
Que le neveu vostre seignor
Amiiez de si fole amor;
Li pechiez doubles en estoit.
— Sire, se Diex conseil m'envoit,
C'est la coustume de nous fames,
Et de nous aaisies dames;
Quar cels dont l'en mains garde aura,
Entor cels plus se tornera.
Por le blasme que je cremoie,
Le neveu mon seignor amoie;
Quar à mes chambres bien sovent
Pooit venir, véant la gent;
Jà n'en fust blasme ne parole;
Ainsi l'ai fet si fis que fole,
Quar mon seignor ai grevé si
Qu'à poi que ne l'ai tout honi,
Que du tortiau puant li gart,
Li ai bien fet mengier sa part.
Tant li ai fet, tant l'ai mené,
Que il croit plus en moi qu'en Dé.
Quant céenz vienent chevalier,
Si com droit est, por herbregier,
Lors demandent-il à noz genz,
Où est la dame ? — Ele est léenz;
Jà le seignor n'ert demandé,

Car je l'ai tout anéanté,
Ne jà ostel n'ert à honor
Dont la dame se fet seignor;
Et fames ceste coustume ont,
Et volentiers toz jors le font,
Qu'elles aient la seignorie
Sor lor seignors; por c'est honie
Mainte méson qu'est sanz mesure,
Et fame avoire par nature.
— Dame, dist-il, ce puet bien estre. »
Del vrai Dieu le souverain prestre
Onques riens plus ne li enquist,
Mès sa coupe batre li fist,
Et li enjoinst sa penitance,
Et ele mist en convenance
Que jamès jor amor n'auroit
A autre home, s'ele vivoit.

 Lors s'en parti; moult fu iriez;
A son cheval est reperiez,
Dessus monta, si s'en issi;
D'ire et de mautalent fremi
Por sa fame qu'il seut loer,
Et tant prisier, et tant amer;
Mès en ice se confortoit
Qu'encore bien s'en vengeroit.
A lendemain, quant il li plout,
A son ostel, et quant il vout,
En sa méson s'en repera,
Et la dame si respassa.
Grant merveille ot de son seignor,

Qui li soloit moustrer amor,
Et li baisier et acoler ;
Or ne daignoit à li parler.
 Un jor par sa méson aloit
Trestout ainsi com el soloit,
Et comandoit moult fierement
De ses afères à sa gent ;
Et li sires sel regarda ;
Iréement le chief crolla ;
Se li a dit : « Par l'ordre Dé,
Dame, quele est votre fierté
Et vostre orgueil ? Je l'abatrai,
Quar à mes poins vous ocirrai.
S'il vous membrast de vostre vie,
Honte éussiez d'avoir baillie ;
Quar nule fame bordelière
Ne fu de si male manière
Com vous estes, orde mauvèse. »
Lors ne fu pas la dame aaise ;
De son seignor se merveilla ;
Avis li fu, de voir cuida,
Que il l'éust fete confesse ;
Moult se doute que mal n'en nesse,
Puis li a dit de maintenant :
« Ha ! mauvès homme souduiant,
Moult me poise que je ne dis
Que tuit li chien de cest païs
Le me fesoient nuit et jor ;
Mès plus m'estoit de ma dolor.
Ha ! mauvès home trahitier,

Tu préis abit d'ermitier
Por moi prover à desloial !
Mès, merci Dieu, je sui loial.
Je n'ai voisine ne voisin
Por qui je port le chief enclin ;
Je ne te criem, la merci Dé,
Quar ; se seusses la vérité,
Toute ma honte tost fust seue,
Quar m'en estoie apercéue,
Quant je vous en enquis sordois
Tout ce que dis par mon gabois ;
Moult me poise, par saint Symon,
Que ne vous pris au chaperon,
Ne que ne vous deschirai tout.
Sachiez de voir, pas ne vous dout
De rien que onques vous déisse ;
Se Dame Diex mon cors garisse,
Bien vous reconnui au parler.
Je ne vous doi jamès amer ;
Non ferai-je, se Diex me gart.
Mauvès trahïtre de male art,
Jà ne vous ert mès pardoné. »
Tant li a dit, et tant conté,
Que li osta tout son espoir,
Et bien cuida que déist voir.
Granz risées et granz gabois
En féirent en Bescinois.

Explicit du Chevalier qui fist sa Fame confesse.

XVII

LE DIT DES PERDRIZ.

Manuscrit F. Fr. 837, f. 169 r° à 170 v°.

Por ce que fabliaus dire sueil,
En lieu de fable dire vueil
Une aventure qui est vraie,
D'un vilain, qui delèz sa haie
Prist .II. pertris par aventure.
En l'atorner mist moult sa cure;
Sa fame les fist au feu metre;
Ele s'en sot bien entremetre;
Le feu a fet, la haste atorne,
Et li vilains tantost s'en torne;
Por le prestre s'en va corant.
Mès au revenir tarda tant,
Que cuites furent les pertris;
La dame a le haste jus mis,
S'en pinça une peléure,
Quar moult ama la lechéure.
Quant Diex li dona à avoir,
Ne béoit pas à grant avoir,
Mès à toz ses bons acomplir;
L'une pertris cort envaïr;
Andeus les eles en menjue;

Puis est alée en mi la rue
Savoir se ses sires venoit;
Quant ele venir ne le voit,
Tantost arrière s'en retorne
Et le remanant tel atorne,
Mal du morsel qui ramainsist.
Adonc s'apenssa, et si dist
Que l'autre encore mengera;
Moult très bien set qu'ele dira
S'on li demande que devindrent;
Ele dira que li chat vindrent
Quant ele les ot arrier trètes;
Tost li orent des mains retrètes,
Et chascuns la seue emporta;
Ainsi, ce dist, eschapera.
Puis va en mi la rue ester,
Por son mari abeveter;
Et, quant ele nel voit venir,
La langue li prist à fremir
Sus la pertris qu'ele ot lessie.
Jà ert toute vive enragie
S'encor n'en a .I. petitet;
Le col en tret tout souavet,
Si le menja par grant douçor;
Ses dois en lèche tout entor :
« Lasse! fet-ele, que ferai?
Se tout menjue, que dirai?
Et coment le porrai lessier?
J'en ai moult très grant desirrier.
Or aviegne qu'avenir puet,

Quar toute mengier le m'estuet. »
 Tant dura cele demorée,
Que la Dame fu saoulée.
Et li vilains ne tarda mie,
A l'ostel vint, en haut s'escrie ;
« Diva, sont cuites les pertris?
— Sire, dist-ele, ainçois va pis,
Quar mengies les a li chas. »
Li vilains saut isnel le pas,
Seure li cort comme enragiéz ;
Jà li éust les iex sachiez,
Quant el crie : « C'est gas, c'est gas.
Fuiez, fet-ele, Sathanas ;
Couvertes sont por tenir chaudes.
—Jà vous chantaisse putes Laudes,
Fet-il, foi que je doi saint Ladre.
Or çà, mon bon hanap de madre
Et ma plus bele blanche nape ;
Si l'estenderai sus ma chape,
Souz cele treille en cel praiel.
— Mès, vous, prenez vostre coutel,
Qui grant mestier a d'aguisier ;
Si le fètes .I. pou trenchier
A cele pierre en cele cort. »
Li vilains se despoille et cort,
Le coutel tout nu en sa main.
 A tant ez vos le chapelain,
Qui léenz venoit por mengier :
A la dame vint sans targier,
Si l'acole moult doucement.

Et cele li dist simplement :
« Sire, dist-el, fuiez, fuiez :
Jà ne serai où vous soiez
Honiz ne malmis de vo cors ;
Mes sires est alez là fors
Por son grant coutel aguisier.
Et dist qu'il vous voudra trenchier
Les coilles, s'il vous puet tenir.
— De Dieu te puist-il souvenir,
Dist li prestres ; qu'est que tu dis ?
Nous devons mengier .II. pertris
Que tes sires prist hui matin. »
Cele li dist : « Par saint Martin,
Céenz n'a pertris ne oisel ;
De vo mengier me seroit bel,
Et moi peseroit de vo mal ;
Mès ore esgardez là aval,
Come il aguise son coutel.
— Jel voi, dist-il ; par mon chapel,
Je cuit bien que tu as voir dit. »
Léenz demora moult petit,
Ainz s'en fui grant aléure,
Et cele crie à bone éure :
« Venez-vous-en, sire Gombaut.
— Qu'as-tu, dist-il, se Diex te saut ?
— Que j'ai ? Tout à tens le saurez ;
Mès, se tost corre ne poez,
Perte i aurez, si com je croi ;
Quar, par la foi que je vous doi,
Li prestre enporte voz pertris. »

Li preudom fu toz aatis,
Le coutel en porte en sa main,
S'en cort après le chapelain ;
Quant il le vit, se li escrie :
« Ainsi nes en porterez mie. »
Puis s'escrie à granz alenées ;
« Bien les en portez eschaufées ;
Ça les lerrez, se vous ataing ;
Vous seriez mauvès compaing
Se vous les mangiez sanz moi. »
Li prestre esgarde derrier soi,
Et voit acorre le vilain ;
Quant voit le coutel en sa main,
Mors cuide estre, se il l'ataint.
De tost corre pas ne se faint ;
Et le vilains penssoit de corre,
Qui les pertris cuidoit rescorre ;
Mès li Prestres de grant randon
S'est enfermez en sa méson.

A l'ostel li vilains retorne,
Et lors sa fame en aresone :
« Diva, fet-il, et quar me dis
Comment tu perdis les pertris. »
Cele li dist : « Se Diex m'aït,
Tantost que li prestres me vit,
Si me pria, se tant l'amaise,
Que je les pertris li monstraisse,
Quar moult volentiers les verroit ;
Et je le menai là tout droit
Où je les avoie couvertes :

Il ot tantost les mains ouvertes,
Si les prist, et si s'en fui ;
Mès je guères ne le sivi,
Ainz le vous fis moult tost savoir. »
Cil respont : « Bien puès dire voir ;
Or le lessons à itant estre. »
Ainsi fu engingniez le prestre
Et Gombaus, qui les pertris prist.
 Par example cis fabliaus dist
Fame est fète por decevoir ;
Mençonge fet devenir voir,
Et voir fet devenir mençonge.
Cil n'i vout mètre plus d'alonge,
Qui fist cest fablel et ces dis.
Ci faut li fabliaus des pertris.

Explicit li Fabliaus des Perdriz.

XVIII

DU PRESTRE CRUCEFIE.

Manuscrit F. Fr. 837, f. 183 r⁰ à 183 v⁰.

Un example vueil conmencier
Qu'apris de Monseigneur Rogier,
.I. franc mestre de bon afère
Qui bien savoit ymages fère
Et bien entaillier crucefis.
Il n'en estoit mie aprentis,
Ainz les fesoit et bel et bien.
Et sa fame seur toute rien
Avoit enamé un provoire.
Son seignor li ot fet acroire
Qu'à un marchié devoit aler
Et une ymage o lui porter,
Dont il auroit, ce dist, deniers,
Et la dame bien volentiers
Li otria, et en fu lie.
Quand cil vit la chière haucie,
Si se pot bien apercevoir
Qu'el le béoit à decevoir,
Si come avoit acoustumé.
Lor a desus son col jeté
.I. crucefis par achoison

Et se parti de la méson.
En la ville va, si demeure,
Et atent jusques à cele heure
Qu'il cuida qu'il fussent ensamble.
De mautalent li cuers li tremble.
A son ostel en est venuz ;
Par .I. pertuis les a véuz,
Assis estoient au mengier.
Il apela, mès à dangier
I ala-l'en por l'uis ouvrir.
Li prestres n'ot par où fuir :
« Diex, dist li prestres, que ferai ? »
Dist la dame : « Jel vous dirai :
Despoillez-vous, et si alez
Léens, et si vous estendez
Avoec ces autres crucefis. »
Ou volentiers ou à envis
Le fist li prestres ; ce sachiez,
Toz s'est li prestres despoilliez ;
Entre les ymages de fust
S'estent ausi come s'il en fust.
Quant li preudom ne l'a véu,
Erraument s'est apercéu
Qu'aléz est entre ses ymages ;
Mais de ce fit-il moult que sages
Qu'assez a mengié et béu
Par loisir ainz qu'il soit méu.
Quand il fu levez du mengier,
Lors comença à aguisier
Son coutel à une grant kex.

Li preudom estoit fors et preus;
« Dame, dist-il, tost alumez
Une chandoile, et si venez
Léenz o moi, où j'ai afère. »
La dame ne s'osa retrère;
Une chandoile a alumée,
Et est o son seignor alée
En l'ouvréoir isnelement;
Et li preudom tout esraument
Le provoire tout estendu
Voit, si l'a bien apercéu,
Voit la coille et le vit qui pent :
« Dame, dist-il, vilainement
Ai en cest ymage mespris :
J'estoie yvres, ce m'est avis,
Quant je ceste chose i lessai;
Alumez, si l'amenderai. »
Li prestres ne s'osa mouvoir;
Ei ice vous di-je por voir
Que vit et coilles li trencha,
Que onques riens ne li lessa
Que il n'ait tout outre trenchié.
Quant li prestres se sent blecié,
Lors si s'en est tornez fuiant,
Et li preudom de maintenant
Si s'est escriez à hauz criz :
« Seignor, prenez mon crucefiz
Qui or endroit m'est eschapez. »
Lors a li prestres encontrez
.II. gars qui portent une jarle;

Lors li venit miex estre à Arle,
Quar il i ot .I. pautonier
Qui en sa main tint un levier ;
Si le feri desus le col
Qu'il l'abati en un tai mol.
Quant il l'ot à terre abatu,
Es-vos le preudome venu
Qui l'enmena en sa meson ;
.XV. livres de raençon
Li fist isnelement baillier,
C'onques n'en i failli denier.
Cest example nous monstre bien
Que nus prestres por nule rien
Ne devroit autrui fame amer,
N'entor li venir ne aler,
Quiconques fust en calengage,
Que il n'i lest ou coille ou gage,
Si com fist cil prestres Constans,
Qui i lessa les siens pendans.

Explicit du Prestre crucefié.

XIX

D'ESTORMI

(PAR HUGUES PIAUCELE).

Manuscrit F. Fr. 837, f. 11 r° à 14 recto.

Por ce que je vous ai molt chier,
Vous vueil uns fabler commencier
D'une aventure qui avint.
C'est d'un preudomme, qui devint
Povres entre lui et sa fame.
Non ot Jehans, et ele Yfame;
Riches genz avoient esté,
Puis revindrent en povreté;
Mais je ne sai par quoi ce fu,
Quar onques conté ne me fu;
Por ce ne le doi pas savoir.
 Troi prestre par lor mal savoir
Covoitèrent dame Yfamain;
Bien la cuidièrent à la main
Avoir prise, por la poverte
Qui la féroit à descouverte.
De folie se porpenssèrent,
Quar parmi la mort en passèrent,
Issi com vous m'orrez conter

Se vous me volez escouter,
Et la matère le devine,
Qui nous raconte la couvine
De la dame et des .III. prelaz.
Chascuns desirre le solaz
De dame Yfamain à avoir ;
Por ce li promistrent avoir,
Je cuit, plus de .IIII^{xx}. livres.
Ainsi le tesmoingne li livres,
Et la matère le raconte,
Si com cil furent à grant honte
Livré par lor maléurtez,
Mès ce fist lor desléautez,
De lor crupes et de lor rains ;
Bien l'orrez dire au daarrains,
Por que vous vueilliez tant atendre.
Ainz Yfame ne vout entendre
Lor parole ne lor reson,
Ainz a tout conté son baron
L'afère tout si com il va.
Jehans li respondit : « Diva,
Bele suer, me contes-tu voir ?
Te prometent-il tant d'avoir
Com tu me vas ci acontant ?
— Oïl, biaus frère, plus que tant,
Mès que je vueille lor bons fère.
— Dehez ait qui en a que fère,
Fet Jehans, en itel manière ;
Miex ameroie en une bière
Estre mors et ensevelis

Que jà éussent lor delis
De vous à nul jor de ma vie.
— Sire, ne vous esmaiez mie,
Fet Yfame, qui moult fu sage ;
Povretez, qui molt est sauvage,
Nous a mis en molt mal trepeil.
Or feroit bon croire conseil
Par quoi nous en fussons geté ;
Li prestre sont riche renté ;
S'ont trop dont nous avons petit :
Se vous volez croire mon dit,
De povreté vous geterai,
Et à grant honte meterai
Ceus qui me cuident engingnier.
— Va donc, pense du hamoingnier,
Fet Jehans, bele douce suer ;
Mès je ne voudroie à nul fuer
Qu'il fussent de vous au desus.
— Tesiez, vous monterez là sus
En cel solier tout coiement.
Si garderez apertement
M'onor et la vostre et mon cors ;
Les prestres meterons là fors,
Et li avoirs nous remaindra.
Tout issi la chose avendra,
Se vous le volez otrier.
— Alez tantost sans destrier,
Fet Jehans, bele douce amie,
Mès, por Dieu, ne demorez mie. »
Au moustier s'en ala Yfame,

Qui moult par estoit bone fame;
Ainz que la messe fust chantée
Fu assez tost amonestée
De ceus qui quierent lor anui.
Yfame chascun à par lui
Tout belement l'un après l'autre,
Qu'ainc n'en sot mot li uns de l'autre,
Mist lieu de venir à son estre.
Tout avant au premerain prestre
A mis la bone dame leu
Que il viengne entre chien et leu,
Et si aport toz ses deniers :
« Dame, fet cil, moult volentiers, »
Qui moult est près de son torment,
Ne porquant va s'en liement.
Estes-vous venu le secon,
Qui voloit avoir du bacon;
Moult par avoit chaude la croupe.
Devant dame Yfame s'acroupe,
Puis li descuevre sa pensée.
Et cele, qui s'est porpenssée
De sa grande male aventure,
Li a mis leu par couverture
Qu'il venist quant la cloche sone :
« Dame, jà n'aurai tant d'essoine,
Fet li prestres, par S. Amant,
Que je ne viegne à vo commant,
Que pieça que je vous convoite.
— Aportez moi donc la queilloite
Que vous me devez aporter.

— Volentiers, je les vois conter, »
Fet cil, qui de joie tressaut.
Et li autres prestres resaut,
Puis li demande de rechief :
« Dame, vendrai-je jà à chief
De ce dont je vous ai requise ? »
Et la dame, qui fu porquise
De sa grant honte et de son mal,
Li dist : « Biaus sire, il n'i a al;
Vostre parole m'a atainte,
Et povretez qui m'a destrainte
Me font otroier vo voloir;
Or venez sempres à prinsoir
Trestout belement à mon huis,
Et si ne venez mie vuis
Que vous n'aportez ma promesse.
— Jà ne puissé-je chanter messe,
Dame, se vos n'avez vostre offre;
Je les vois mètre hors du coffre,
Et les deniers et le cuiret. »
Atant à la voie se met
Cil qui est moult liez de l'otroi.
Or se gardent bien de lor roi
Qu'il ont porchacié laidement
Lor mort et lor definement.

    Oublié avoie une chose
Qu'à chascun prestre à la parclose
Fist Yfame entendre par guile
Que Jehans n'ert pas en la vile;
Si s'en refist chascuns plus jois,

Mès cele nuit à granz conjois
Jurent, ce sachiez vraiement.
Et dame Yfame isnelement
Est revenue à sa méson ;
Son baron conte la réson.
Jehans l'oï ; moult liez en fu ;
A sa niecète a fet le fu
Alumer et la table metre.
Cele, qui ne se vout demetre
Qu'ele ne face son commant,
A mis la table maintenant,
Qu'ele savoit bien son usage.
Et Yfame, qui moult fu sage,
Li dist : « Biaus sire, la nuit vient ;
Or sai-je bien qu'il vous covient
Repondre, qu'il en est bien poins. »
Et Jehans, qui ot .II. porpoins,
En avoit le meillor vestu ;
Biaus hom fu et de grant vertu.
En sa main a pris sa coingnie ;
Une maçue a empoingnie,
Qui molt ert grosse, de pommier.
    Estes-vous venu le premier,
Tout carchié de deniers qu'il porte ;
Tout belement hurte à la porte,
Il ne veut mie c'on l'i sache ;
Et dame Yfame arrière sache
Le veroil, et l'uis li deffarme.
Quant cil a véu dame Yfame,
Si la cuide avoir decéue.

Et Jehans, qui tint la maçue,
Qui molt ot grosse la cibole,
Felonessement le rebole,
Si que li prestres n'en sot mot;
Tout coiement, sanz dire mot,
Avala Jehans le degré.
Et cil, qui cuide avoir son gré
De la dame tout à estor,
Vint à li, se li fet un tor
Si qu'en mi la méson l'abat.
Et Jehans, qui sor eus s'embat,
Tout belement et sanz moleste
Le fiert à .II. mains en la teste
Si durement de la coingnie,
La teste li a si coingnie
Li sans et la cervele en vole;
Cil chiet mors, si pert la parole.
Yfame en fu moult esmarie;
Jehans jure sainte Marie,
Se sa fame noise fesoit,
De sa maçue la ferroit.
Cele se test, et cil embrace
Celui qui gist mors en la place;
En sa cort l'enporta errant;
Si l'a drecié tout maintenant
A la paroi de son bercil,
Et puis repère du cortil;
Dame Yfame reconforta.

 Et li autres prestres hurta,
Qui queroit son mal et sa honte;

Et Jehans el solier remonte ;
Et dame Yfame l'uis li œvre,
Qui molt fu dolente de l'uevre;
Mès fere li estuet par force.
Et cil entre carchiez el porce ;
Les deniers mist jus qu'il portoit,
Et Jehans, qui là sus estoit,
Par la treillie le porlingne,
Felonessement le rechingne ;
Aval descent tout coiement.
Et cil embraça esraument
Celi por avoir son delit,
Si l'abati en .I. biau lit.
Jehans le vit, moult l'en pesa;
De la maçue qui pesa
Le fiert tel cop en la caboce,
Ce ne fu pas por lever boce,
Ainz esmie quanqu'il ataint.
Cil fu mors ; la face li taint,
Quar la mort l'angoisse et sousprent.
Et sire Jehans le reprent,
Si le va porter avoec l'autre,
Puis a dit : « Or estes-vous autre ;
Je ne sai s'il vous apartient,
Mès miex vaut compaignon que nient. »
Quant ot ce fet, si s'en retorne ;
Son afère moult bien atorne ;
Les deniers a mis en la huche.
   Ez-vous le tiers prestre, qui huche
Tout belement et tout souef.

Et Yfame reprent la clef,
Maintenant l'uis li defferma;
Et cil, qui folement ama,
Entra en la meson carchiez.
Et sire Jehans est muciez
Souz le degré et esconssez.
Et cil, qui cuide avoir son sez
De la dame, l'a embrachie
Et sus .I. biau lit l'a couchie.
Jehans le vit, moult s'en corèce;
La maçue qu'il tint adrèce;
Tel cop li done lèz la temple
Que toute la bouche li emple
De sanc et de cervele ensamble.
Cil chéi mors; li cors li tramble,
Quar la mort l'angoisse et destraint.
Et sire Jehans le restraint,
Maintenant le Prestre remporte,
Si le dreça delez la porte :
Quant ce ot fet, si s'en revient.
  Or sai-je bien qu'il me covient
Dire par quel réson Jehans,
Qui molt ot cele nuit d'ahans,
Remist les .II. prestres ensamble :
Se ne le vous di, ce me samble,
Li fabliaus seroit corrompus.
Jehans fust à mal cul apus,
Ne fust uns sien nièz, Estormis,
Qui adonc li fu bons amis,
Si com vous orrez el fablel.

Yfame ne fu mie bel
De l'afère, mès moult dolante.
« Se je savoie où mes nièz hante,
Fet Jehans, je l'iroie querre;
Il m'aideroit bien à conquerre
A delivrer de cest fardel.
Mès je cuit qu'il est au bordel.
— Non est, biaus Sire, fet sa nièce;
Encor n'a mie moult grand pièce
Que je le vi en la taverne
Là devant chiés dame Hodierne.
— Ha! fet Jehans, por S. Grigore,
Va savoir s'il i est encore. »
Cele s'en torne moult corcie;
Por miex corre s'est escorcie;
A l'ostel vient, si escoutoit
Se son frère léenz estoit.
Quant el l'ot, les degrez monta;
Delez son frère s'acosta,
Qui getoit les déz desouz main;
Ne li vint mie bien à main
La chéance, quar il perdi;
A poi que tout ne porfendi
De son poing trestoute la table.
Voirs est, c'est chose véritable,
Qui ne m'en croit demant autrui,
Que cil a sovent grant anui
Qui jeu de dez veut maintenir;
Mès ne vueil mie plus tenir
Ceste parole, ainçois vueil dire

De celi qui son frère tire,
Qui de li ne se donoit garde.
    Estormis sa seror regarde,
Puis li demande d'ont el vient :
« Frère, fet-ele, il vous covient
Parler à moi par çà desouz.
— Par foi, je n'irai mie sous,
Que je doi jà céenz .V. saus.
— Tesiez-vous, que bien seront saus,
Que je les paierai moult bien.
Biaus ostes, dites moi combien
Mes frères doit céenz par tout.
— .V. sols. — Vez ci gage por tout ;
Je vous en lerai mon sorcot ;
A-il bien paié son escot?
— Oïl, bien avez dit réson. »
Atant issent de la méson.
Li vallés a non Estormis,
Atant s'est à la voie mis ;
Estormis sa seror demande
Se c'est ses oncles qui le mande :
« Oïl, biaus frère, à grant besoing. »
    Li osteus ne fu mie loing ;
A l'uis vienent, enz sont entré,
Et quant Jehans a encontré
Son neveu, moult grant joie en fet.
« Dites moi qui vous a meffet,
Por le cul Dieu, fet Estormis.
— Je te conterai, biaus amis,
Fet sire Jehans, tout le voir :

Uns prestres par son mal savoir
Vint dame Yfamain engingnier,
Et je le cuidai mehaingnier;
Si l'ai ocis; ce poise mi;
Se cil le sevent d'entor mi,
Je serai mors isnel le pas.
— Jà ne me mandiiez-vous pas,
Fet Estormis, en vo richèce,
Mès jà ne lerai por perèce,
Par le cul Dieu, fet Estormis,
Puis que tant m'en sui entremis,
Que vous n'en soiez delivrez.
Fetes tost, .I. sac m'aportez,
Quar il en est huimès bien eure. »
Et sire Jehans ne demeure,
Ainz li a le sac aporté.
Au prestre, qu'il ot acosté,
D'une part son neveu enmaine;
Mès ainçois orent moult grand paine
Qu'il li fust levez sur le col.
Estormis en jure S. Pol
Qu'ainz ne tint si pesant fardel.
Ses oncles li baille uns havel
Et une pele por couvrir.
Cil s'en vait, s'a fet l'uis ouvrir,
Qui ne demanda pas lanterne.
Parmi une fausse posterne
Vait Estormis, qui le fais porte;
Ne veut pas aler par la porte;
Et quant il est aus chans venus,

Si a le prestre geté jus ;
El fons d'un fossé fet la fosse.
Celui, qui ot la pance grosse,
Enfuet, et puis si l'a couvert.
Son pic et sa pele rahert,
Et son sac ; à tant s'en repère.
Et Jehans ot si son afère
Atiré qu'il ot l'autre prestre
Remis et el lieu et en l'estre
D'ont cil avoit esté getez
Qui enfouir estoit portez ;
Bien fu parfont en terre mis.
A tant est venuz Estormis
A l'uis, et il li est ouvers.
« Bien est enfouis et couvers
Fet Estormis, li dans prelas.
— Biaus nièz, ainz me puis clamer las,
Fet Jehans, qu'il est revenuz ;
Jamès ne serai secoruz
Que je ne soie pris et mors ;
— Dont il a le déable el cors,
Qui l'ont raporté çà dedenz ?
Et s'il i en avoit .II. cenz,
Si les enforrai-je ainz le jor. »
A cest mot a pris son retor,
Son pic et son sac et sa pele,
Puis a dit : « Ainz mèz n'avint tele
Aventure en trestout cest monde.
A foi, dame Diex me confonde
Se j'enfouir ne le revois ;

Je seroie coars renois,
Se mon oncle honir lessoie. »
A tant vers le prestre s'avoie,
Qui moult estoit lais et hideus ;
Et cil, qui n'ert pas péureus
Nient plus que s'il ert toz de fer,
Li dist : « De par toz ceus d'Enfer
Soiez-vous ore revenuz ;
Bien estes en Enfer connuz
Quant il vous ont ci raporté. »
A tant a le prestre acosté,
Si l'en porte, à tout lui s'en cort
Parmi le sentier de la cort ;
Ne le veut mie metre el sac.
Estormis sovent en somac
Le regarde, si le ramposne :
« R'estuez ore por la dosne
Revenuz si novelement ?
Jà por nul espoentement
Ne lerai que ne vous enfueche. »
A tant de la haie s'aprueche,
Celui qu'il portoit i apuie ;
Sovent garde qu'il ne s'en fuie.
La fosse a fète molt parfonde,
Le prestre prent, dedenz l'afonde,
Si lons comme il estoit le couche,
Puis li a les iex et la bouche
Et le cors tout couvert de terre ;
Puis jure les sainz d'Engleterre,
Ceus de France et ceus de Bretaingne,

Que molt avera grant engaingne
Se li prestres revient huimès.
Mès de cestui est-il bien pès,
Que il ne porra revenir.
Mès du tiers soit au convenir,
Que il trovera jà tout prest ;
Mestier li est qu'il se r'aprest,
Quar on li jue de bondie.
Or est réson que je vous die
De Jehans, qui mist, c'est la voire,
El lieu du daarain provoire
Où li autre dui furent pris,
Qui jà erent fors du porpris
Enfoui par lor grant meffet.
Et, tantost qu'Estormis ot fet,
A son ostel est reperiez.
« Hé ! la ! com je sui traveilliez,
Fet Estormis, et eschaufez !
Moult estoit cras et esfossez
Li prestres que j'ai enfoui ;
Moult longuement i ai foui
Por lui metre plus en parfont ;
Se déable ne le refont
Revenir, jà ne revendra. »
Et Jehans dist jà ne verra
L'eure qu'il en soit delivrez :
« J'en serai à honte livrez
Ainz demain à l'avesprement. »
Estormis li respont : « Comment
Serez-vous livrez à tel honte ?

— Ha ! biaus douz nièz, ci n'a nul conte
Que je ne soie en grant peril.
Revenuz est en no cortil
Li prestres que vous en portastes.
— Par foi, onques puis ne parlastes,
Fet Estormis, que vous mentistes,
Quar orainz à voz iex véistes
Que je l'en portai à mon col :
Je n'en croiroie pas S. Pol,
Oncles, que vous déissiez voir.
— Ha ! biaus douz nièz, venez véoir
Le prestre qui revenuz est.
— Par foi, tierce foie droiz est ;
Ne m'i leront anuit mengier.
Par foi, bien se cuide vengier
Li déables qui le raporte ;
Mès de rien ne me desconforte,
Ne pris .II. oés lor granz merveilles. »
Au prestre vint ; par les oreilles
L'aert, et puis par le goitron ;
Puis en a juré le poistron
Que le provoire renforra,
Ne jà por ce ne remaindra,
S'il a les déables el ventre.
A cest mot en grant paine rentre
Estormis, qui le prestre encarche :
Sovent va maudissant sa carche ;
N'en puet mès, quar forment li griève.
« Par le cuer Dieu, cis fais me criève,
Fet Estormis, je m'en demet. »

A tant à la terre le met,
Que plus avant ne le porta.
Delèz une saus acosta
Li prestres, qui ert cras et gros ;
Mès ainçois li sua le cors
Que il éust sa fosse fète.
Et, quant il l'ot moult bien parfète,
Au prestre vint, et si l'embrace;
Cil fu granz, et Estormis glace ;
En la fosse chiéent anduit.
« Par foi, or ai-je mon pain cuit,
Fet Estormis, qui fu desous ;
Las ! or morrai-je ci toz sous,
Quar je sui ci en grant destrèce. »
Et la mains au prestre radresse,
Qui del bort de la fosse eschape,
Puis li a donné tel soupape,
Por poi les denz ne li esmie :
« Vois, por le cul sainte Marie,
Fet Estormis, je suis matez !
Cist prestres est resuscitez;
Com m'a ore doné bon frap !
Je ne cuit que mès li eschap,
Que trop me foule et trop me mate. »
A tant l'aert par la gargate,
Si le torne, et li prestres chiet :
« Par foi, fet-il, il vous meschiet,
Quant je sui deseure tornez;
Malement serez atornez. »
A tant est saillis à sa pele ;

Au prestre en a donée tele
Qu'aussi la teste li esmie
Com fust une pomme porrie.
A tant est de la fosse issus ;
Celui, qui cras ert et fessus,
A tout de terre acouveté ;
Assez a sailli et hurté
Por la terre sor lui couchier.
Puis jure le cors S. Richier
Que il ne set que ce puet estre
Se li prestres revient en l'estre ;
Jà n'ert mès enfouiz par lui,
Quar trop li a fet grant anui,
Ce dist, puis s'en vait à cest mot.
　N'ot gueres alé quant il ot
.I. prestre devant lui aler,
Qui de ses matines chanter
Venoit, par sa male aventure ;
Par devant une devanture
D'une méson est trespassez.
Estormis, qui moult fu lassez,
Le regarda à la grant chape :
« Vois, fet-il, cil prestres m'eschape ;
Par le cul Dieu, il s'en reva.
Qu'est-ce, sire prestres? Diva,
Me volez-vous plus traveillier ?
Longuement m'avez fet veillier ;
Mès certes noient ne vous vaut. »
Dont hauce le havel en haut ;
Le prestre fiert si lèz l'oreille

Que ce fust une grant merveille
Se li prestres fust eschapez,
Quar il fu du havel frapez
Que la cervele en chéi jus.
« Ha! fet-il, trahitres parjurs,
Com m'avez fet anuit de honte! »
Que vous feroie plus lonc conte?
Estormis le prestre reporte
Par une bresche lèz la porte;
Si l'enfuet en une marlière.
Trestout en si fete manière
Fist Estormis com j'ai conté,
Et, quant il l'ot acouveté
Le prestre, si repere à tant;
Du revenir se va hastant,
Por ce que li jors apparoit.
 Jehans estoit à la paroit
Dedenz sa méson apuiéz :
« Diex, fet-il, quant vendra mes nièz?
Moult sui engranz que je le voie. »
Estes-vous celui par la voie
Qui moult ot éu de torment;
A l'uis vient, et cil esraument
Li ouvri l'uis, et si le baise,
Puis li dist : « Moult dout la malaise
Que vous avez éu por mi;
Molt vous ai trové bon ami
Anuit, foi que doi S. Amant;
Or pués bien fère ton commant
De mon cors et de mon chatel. »

Dist Estormis : « Ainz n'oï tel ;
N'ai soing de deniers ne d'avoir.
Mès, biaus oncles, dites moi voir
Se li prestres est revenuz.
— Nenil ; bien fui secoruz ;
Jamès aparçuz n'en serai.
— Ha! biaus oncles, je vous dirai
Une bone chetiveté ;
Quant j'oi le prestre acouveté,
Or escoutez que il m'avint :
Li prestres devant moi revint
Quant je dui entrer en la vile ;
Eschaper me cuida par guile,
Et je li donai du havel
Si durement que le cervel
Li fis espandre par la voie.
A tant le pris ; si me ravoie
Par la posterne là aval ;
Si l'ai geté en contreval ;
En une rasque l'ai bouté. »
Et, quant Jehanz ot escouté
La réson que li dist ses nièz,
Si dist : « Bien en estes vengiéz. »
Après dist bas tout coiement :
« Par foi, or va plus malement,
Que cil n'i avoit riens meffet ;
Mès teus compère le forfet
Qui n'i a pas mort deservie.
A moult grant tort perdi la vie
Li prestres qu'Estormis tua,

Mès déables grant vertu a
De genz engingnier et sousprendre. »
    Par les prestres vous vueil aprendre
Que folie est de covoitier
Autrui fame, ne acointier :
Ceste réson est bien aperte.
Cuidiez-vous por nule poverte
Que preude fame se descorge?
Nenil, ainz se leroit la gorge
Soier à un trenchant rasoir,
Qu'ele féist jà por avoir
Chose dont ses sire éust blasme.
Cil ne furent mie de basme
Enbaussemé à l'enfouir,
Qui Yfame voudrent honir,
Ainz furent paié à lor droit.
Cis fabliaus moustre en bon endroit,
Qui enseigne à chascun provoire
Que il se gardent bien de boire
A tel hanap comme cil burent,
Qui par lor fol sens ocis furent,
Et par lor grant maléurté.
Vous avez moult bien escouté
Comme il furent en terre mis.
    Au mengier s'assist Estormis ;
Assez but et assez menja ;
Après mengier l'acompaingna
Jehans ses oncles à son bien,
Mès je ne sai mie combien
Il furent puis se di ensamble ;

Mès on ne doit pas, ce me samble,
Avoir, por nule povreté,
Son petit parent en viuté,
S'il n'est ou trahitres ou lerres ;
Que s'il est fols ou tremelères,
Il s'en retret au chief de foiz.
Vous avez oï mainte foiz
En cest fablel que Jehans fust,
Se ses nièz Estormis ne fust,
Honiz entre lui et s'ancele.
Cest fablel fist HUES PIAUCELE.

Explicit d'Estormi.

XX

DU SOT CHEVALIER.

Manuscrit F. Fr. 837, fol. 277 r° à 278 v°

P UISQUE je me vueil amoier
A rimer et à fabloier,
Dont vous doi-je fère savoir,
S'il a en vous point de savoir,
Tout sanz meffez et sanz mesdiz,
D'une aventure qui jadis
Avint en la forest d'Ardane,
A quatre liues près d'Otane;
Si vous dirai tost et briefment
La fin et le commencement.
   En la forest ancianor
Avoit manant .I. vavassor
Qui moult estoit bien herbregiéz;
D'une part estoit ses vergiers,
Qui toz ert d'arbres esléus;
Moult estoit preciex cil lieus
Quant ce venoit au noviau tans.
D'une part estoit ses estans
Qui toz estoit plains de poissons;
Moult ert sires de venoisons;
S'avoit ses chiens et ses oisiaus;

Moult ert sires et damoisiaus
De toz les biens que terre porte.
Son molin ert devant sa porte.
Se il fust sages et senez,
A grant avoir fust assenez ;
Mès tant estoit sos par nature,
Qu'il n'ooit dire créature
Que il ne déist maintenant
Plus de cent foiz en .I. tenant,
Quar sotie l'ot deçéu.
N'onques n'ot à fame géu,
Ne ne savoit que cons estoit,
Ne porquant loé li estoit.
Por ce qu'il ert de haute gent,
Et riches d'avoir et d'argent,
Li ont si ami fame quise.
Quant il l'ot espousée et prise,
Si le tint plus d'un an pucele.
Moult en pesa la damoiselle,
Qui vausist ses deduis avoir ;
Mès cil n'avoit tant de savoir
Qu'il séust au con adrecier,
Ne le pucelage percier ;
Ne porquant l'avoit-il tenue
Par maintes foiz trestoute nue ;
Tant ert-ele à greignor mesaise,
Quant ele sentoit la pasnaise
Sor ses cuisses et sor ses hanches,
Qui erent moult souez et blanches.
Quant el ne pot mès consentir

De si fète chose sentir,
Sa mère mande et ele i vint.
Or oiez coment li avint.
Ele li conta tout l'afère
Que ses sires li soloit fère;
Sa mère moult bien s'aperçoit
Que sa folie le deçoit.
Le chevalier prent par la main,
Ne sai la nuit ou l'endemain,
Si l'enmena dedenz la chambre,
Qui toute estoit celée à l'ambre;
Si a ses cuisses 'descouvertes,
Et puis a les jambes ouvertes,
Se li monstra dant Connebert,
Puis li a dit : « Sire Robert,
Véez nul rien en cest val
Ne contre mont, ne contre val?
— Oïl, dame, dist-il, .II. traus.
— Amis, com fais est li plus haus?
— Il est plus lons qu'il ne soit lez.
— Et com fais est cil par dalez?
— Il est plus cours, ce m'est avis.
— Gardez là ne voist vostre vis,
Quar il n'est pas à cel oés fais ;
Qui vit i met, c'est granz meffais ;
On le doit ou plus lonc bouter,
Après si doit-on culeter,
Et, quant ce vient au daarains,
Adonc doit-l'en serrer les rains.
— Dame, dist-il, volez-vous donc

Que mete mon vit ou plus lonc?
— Nenil, amis, à ceste foiz;
Il vous est or mis en defoiz,
Quar ma fille en a .II. plus biaus,
Et plus souèz et plus noviaus;
Foutez le plus lonc anquenuit,
Coment qu'il vous griet ne anuit.
— Dame, dist-il, moult volentiers;
Jà n'en ira li traus entiers
Que sempres n'i mete m'andoille.
Et que ferai-je de ma coille?
— Amis, le plus cort en batez,
Quant vous au lonc vous combatez. »
Atant la dame se recuevre,
Et li chevaliers la chambre œvre,
Puis va, à loi de non sachant,
Le lonc et le cort maneçant.
 La nuit leva uns granz orez,
Issi com vous dire m'orrez;
Ou bois esraçoient li arbre,
Et chéoient les tors de marbre.
A cele eure estoient ou bos,
Devers cele terre de Los,
.VII. chevaliers cortois et sage
Qui porté orent .I. message;
Ou bois estoient esbahi,
Et tuit dolant, et tuit mari.
Vers la meson au chevalier
Vienent fuiant tuit estraier;
Li uns en est devant alez,

Qui estoit de Saint Eron nez.
Le pont et la porte trespasse,
Qui n'estoit ne povre ne basse,
Ainz estoit haute et bien couverte,
Et la méson estoit ouverte.
Léenz vint trestoz eslessiez
Par l'uis qui ert ouvers lessiez;
La dame et le seignor salue,
Puis a sa réson despondue :
« L'ostel vous requier et demande
Avoec cels qui sont en la lande. »
Li chevaliers a respondu
Tantost come il l'a entendu :
« Jà mes ostels n'ert escondis,
Bien soiez-vous venu tozdis,
Vous avant et li autre après ;
Sont vo compaignon auques près ?
Alez les esraument haster. »
Donc recommence à rioter,
Et dist : « Li plus lons ert foutuz,
Et li plus court sera batuz. »

Quant li vallés l'ot et entent,
Plus n'i areste ne atent,
Ses compaignons le cort tost dire,
Trestoz dolenz et toz plains d'ire :
« Seignor, dist-il, je ai trové
Là sus .I. erite prové;
Il dist qu'il vous herbergera,
Et après vous ledengera,
Et si foutera le plus lonc,

Et si batera le plus cort. »
Là ot .I. chevalier moult grant,
Qui ot non Gales de Dinant :
« Seignor, dist-il, je sai assez
Que toz vous ai de lonc passez ;
Je n'irai mie à cel erite
Qui en tele œvre se delite ;
Miex voudroie estre en croiz tonduz
Que je fusse d'omme foutuz. »
Là ot .I. chevalier de Tongres,
Qui ot à non Pierres li Hongres :
« Seignor, dist-il, je n'irai mie
A si très vilaine envaïe ;
Je sai bien je sui li plus cors ;
Jà n'i averoie secors
Que je ne fusse ledengiez,
Jà n'i seroie revengiez.
Or remanons andui çà fors,
Encor soit li orages fors. »
Li autres dient à un ton :
« Seignor, ne vous vaut .I. bouton ;
Nous le ferons miex autrement,
Ce sachiez, et plus sagement :
Quant nous serommes tuit venu,
Li plus court voisent estendu,
Et li plus lonc voisent crampi,
Et si soient trestuit crampi. »
Ainsi l'ont entr'aus créanté.
Atant sont en la cort entré,
Puis sont venu en la meson

Où li feus ardoit de randon,
Quar li yvers estoit moult frois.
Lors descendent les palefrois;
Mais, ainz que chascuns sa chape oste,
Ont salué hautement l'oste.
Il respont : « Seignor, Diex vous saut. »
A cest mot la mesnie saut,
Qui lor corurent aus estriers,
Et s'ont recéu les destriers;
Et cil se sont vers le feu trait.
Gales li lonc se fist contrait,
Et Pierres vint sor les ortaus,
Si s'est assis sor .II. hestaus.
Ainsi furent à grant dangier
De-si à l'eure de mengier,
Que li mengiers fu atornez,
Puis fu aus tables aportez,
Et li baron se sont assis.
Gales li lons fut moult penssis.
A premiers orent pois au lart,
Et puis, .II. et .II., .I. marlart ;
Si orent hastes et lardez,
Et si orent moult bons pastez;
Bon vin burent, et fort et roit,
Ce m'est avis d'Auçoirre estoit,
Plaine une bout de trois sistiers ;
S'en remest .II. bouciaus entiers,
Que cil avoient aporté,
Qui moult erent desconforté.
Quant ont mengié par grant delit,

Adonc si furent fet li lit,
Si se couchierent li baron.
Entre la dame et son baron
En sont dedenz la chambre entré;
Ainz qu'il aient le sueil passé,
Li chevaliers s'escrie en haut :
« En charité, dame Mehaut,
Je me voudrai anuit combatre,
Le plus lonc foutre et le cort batre,
Se g'i puis à droit assener. »
Gales comence à forsener,
Qui la nuit cuide foutuz estre ;
Et Pierres, qui jut à senestre,
Cuide moult bien qu'il le manace,
Et que il durement le hace;
Et cil ne s'asséure mie,
Qui va gesir jouste s'amie.
Si le comence à descouvrir,
Puis li fet les jambes ouvrir;
Si a une chandoile prise,
Trestoute ardant et toute esprise;
Se li esgarde entre les jambes,
Qui erent moult souez et blanches.
Quant il ot les .II. traus trovéz,
Si a parlé com fols provéz :
« Ma douce suer, amie chière,
Ces .II. traus vous fist .I. lechière;
Je cuit qu'il vaudront se gloutir
Por ma chandoile transgloutir.
Il sont de moult bele façon ;

Bien ressemble œvre de maçon ;
Quant les fist vostre mère fère,
Les fist-ele aus siens contrefère ?
Li sien me samblent plus velu,
Et plus noir et plus chavelu ;
Cist sont plus bel, si com moi samble ;
A poi qu'il ne tiennent ensamble. »
  Lors respondi la bele née :
« Biau douz sire, ainsi fui-je née. »
A tant est la chandoile estainte
Au mur où ele estoit estrainte,
Puis a les .II. trauz mesurez ;
Il ne fu mie si dervez
Que tant ne l'ait traite et tracie
Qu'il a la piaucèle percie ;
Si a tant hurté et empoint
Que la chose est venue à point,
Et que li fols fist sa besoigne,
Si com li fabliaus nous tesmoigne,
Plus de trois fois en un randon,
Quar toz li fu mis à bandon,
Et li harnas, et li ostis,
Qui moult estoit entalentis.
La dame li a tantost dit :
« Sire, fet-ele, soif m'ocist ;
Se vous ne m'aportez à boire,
Jà me verrez morir, ce croire.
Là ot ersoir .I. boucel mis ;
Ne sai s'il est plains ou demis,
Mès vin i a, de fi le sai,

Ne sai ou d'Auçoirre ou d'Aussai ;
Por Dieu, biau sire, aportez m'ent ;
N'i metez mie longuement,
Dont recomence un poi à muire. »
Cil crient que sa moillier ne muire ;
Moult fu de mautalent espris.
En sa main a .I. hanap pris,
De si au feu en est venus,
Trestoz despoilliez et toz nus ;
Puis a pris .I. manefle cort,
De qoi li bouvier de la cort
Appareilloient leur atoivre ;
Ce doit-l'en moult bien ramentoivre.
Un peu a le feu descouvert ;
Le cul Galon a descouvert,
Qui se dormoit toz aïrez ;
Et li cus ert eschequerez
Autresi granz comme .I. portaus.
Il cuide ce soit li bouciaus
Qui là géust en mi la voie ;
Mès une chose le desvoie
Qu'il n'en set mie deffermer,
Ne le vin trère ne oster.
Or escoutez du vif maufé :
Il a le manefle chaufé,
Ausi com li bouvier fesoient
Quant lor harnas appareilloient,
Puis est au vaissel reperiez,
Où il n'avoit ne vin ne miez ;
Tant durement le fiert et boute,

Que li sos toz en esclaboute
Du sanc qui par la plaie saut.
Gales tresfremit et tressaut;
Si s'escria à haute vois :
« Or sus, or sus, quar je m'en vois;
Cil erites m'a acueilli. »
Dont sont si compaignon sailli,
Quant il oïrent la bescousse,
Et li sos a sa main escousse
De qoi il tenoit le fer chaut;
Aval le rue, ne li chaut;
Si fiert Pierron lez le costé,
C'une grant pièce en a osté,
Et cil s'en tornent sans congié.
Mès il s'en fussent bien vengié,
Se ne fust la mère la dame,
Qui moult ert sage et bone fame;
Ele tout l'afère lor conte;
Si leur a aconté le conte,
Et leur fist savoir et entendre
Que nus hom ne doit sot atendre,
Quar souvent en avient granz maus.
Li cus Galons en fu vermaus,
Et Pierres en ot une trace
Dont li sans remest en la place,
Et li sos ot apris à foutre.
A cest mot est mon fablel outre.

Explicit du sot Chevalier.

XXI

DU FEVRE DE CREEIL.

Man. F. Fr. 837, fol. 230 v° à 231 v°.

OR entendez .I. petitet,
N'i ferai mie grant abet.
Uns fèvres manoit à Creeil,
Qui por battre le fer vermeil,
Quant l'avoit trait du feu ardant,
Avoit aloué .I. serjant
Qui moult estoit preus et legiers.
Li vallés avoit non Gautiers;
Moult ert deboneres et frans,
Les rains larges, grailes les flans,
Gros par espaules et espès,
Et si portoit du premier mès
Qu'il covient aus dames servir,
Quar tel vit portoit, san mentir,
Qui moult ert de bele feture,
Quar toute i ot mise sa cure
Nature qui formé l'avoit;
Devers le retenant avoit
Plain poing de gros et .II. de lonc;
Jà li treus ne fust si bellonc,
Por tant que dedenz le méist,

Qu'aussi roont ne le féist
Com s'il fust fèz à droit compas.
Et des mailliaus ne di-je pas
Qui li sont au cul atachié,
Qu'il ne soient fet et taillié
Tel com à tel ostil covient.
Tozjors en aguisant se tient
Por retrère delivrement,
Et fu rebraciez ensement
Come moines qui jete aus poires,
Ce sont paroles toutes voires,
Rouges come oingnon de Corbueil ;
Et si avoit si ouvert l'ueil
Por rendre grant plenté de sève,
Que l'en li péust une fève
Lombarde très parmi lancier
Que jà n'en lessast son pissier,
De ce n'estuet-il pas douter,
Ne que une oue à gorgueter
S'ele éust mengié un grain d'orge.
Li vallés, qui maintient la forge
D'une part avoec son seignor,
Ne péust pas trover meillor
En la vile de ce mestier.
Bien ot esté .I. an entier
Avoec le fèvre li vallés,
Que de lui servir estoit prés.
Un jor avint qu'il fu à roit,
Et que son vit fort li tendoit ;
Ses sires le trova pissant,

Et vit qu'il ot .I. vit si grant,
De tel façon et de tel taille,
Com je vous ai conté sanz faille
Et pensa, se sa fame set,
Qui tel ostil mie ne het
Come Gautiers lor serjant porte,
Ele voudroit miex estre morte
Qu'ele ne s'en féist doner.
Par tens la voudra esprouver;
A sa feme vient, si a dit:
« Dame, fet-il, se Diex m'aït,
Je ne vi onques si grant membre,
Que je sache ne que moi membre,
Come a Gautiers nostre serjanz;
Quar, se ce fust uns granz jaianz,
Si en a-il assés par droit;
Merveille est quant il est à roit;
Je le vos di tout sanz falose.
— Quar parlez à moi d'autre chose,
Fet cele, cui semble qu'el hée
Ce dont ele est si enbrasée;
Quar, par la foi que je vos doi,
Se plus en parlez devant moi,
Je ne vous ameroie mie;
Tel honte ne tel vilonie
Ne devroit nus preudom retrère. »
Li fèvres ne s'en vout pas tère
De loer le vit au vallet;
Plus que devant s'en entremet,
Et dist qu'en tel ostil ouvrer

Ne sot miex Nature esprover
Qu'en rien que ele onques féist :
« Dame, fet-il, se Diex m'aït,
Onque mès hom de mère nez
Ne fut de vit si racinez,
Dame, fet-il, com est Gautiers;
Je croi qu'il fout moult volentiers.
— Sire, fet-el, à moi que touche? »
Qui bien savoit dire de bouche
Le contraire de son corage;
Mès moult bien pert à son visage
Que sovent color mue et change.
Jà de sens ne fust si estrange
Home qui garde s'en préist,
Qui bien ne séust et véist
Que talent en ot fort et aspre.
Une eure est plus blanche que nape,
Autre eure plus rouge que feus.
« Certes, moult estes anieus,
Qui si parlez vilainement ;
Je vous avoie bonement
Proié que vous vous téussiez;
Bien tère vous en déussiez.
— Ma dame, puis que il vous plest,
Je m'en terai ». Atant se test.
« Or lais ceste parole ester.
Dame, fet-il sanz arester,
M'en irai à saint Leu demain ;
Prenez du feu, fetes à plain
Gautier nostre serjant ouvrer. »

Or faisoit samblant de l'errer,
Si s'est souz la forge repus.
La dame s'est levée sus,
Et prent du feu, porte à Gautier,
Et cil comença à forgier,
Qui moult fu sages et soutiz.
« Gautier, fet-ele, tes ostiz
Est-il ores tels que l'en dit,
Quant est à roit, se Diex t'aït,
De la besoingne fere près ?

Tesiez, Dame, fet li vallès,
Qui grant honte a et grant vergoingne ;
Parlez à moi d'autre besoingne,
De ce ne vous rendrai-je conte.
— Par Dieu, fet-ele, riens ne monte,
Quar il estuet que je le voie
Orendroit sanz point de delaie,
Par convent que mon con verras :
Sez-tu quel loier en auras?
Chemise et braies deliées,
Bien cousues et bien tailliées. »

Quant li vallés ot la promesse,
Si trait le vit, dont une anesse
Péust bien estre vertoillie.
Cele, qui estre en veut brochie,
Se descuevre jusqu'au nombril :
« Gautier, fet-ele, à ton ostil
Fai mon con besier une foiz,
Quar il est bien reson et droiz;
Ne s'entrevirent onques més ;

Si prendront l'uns à l'autre pès. »
Le vit fut roides com pel;
Si atasta s'il i ot sel,
Et si fu près de hurter enz.
Mais li fèvres ne fu pas lenz;
De derrier la forge est saillis
Et s'escria à moult hauz criz :
« Sire vassal, traiez en sus;
Par mon chief, vous n'en ferez plus
Que fet avez, vostre merci;
Ne remaint pas n'en vous n'en li
Que grant honte ne m'avez faite :
Vostre services ne me haite,
Ne ne me plest d'ore en avant;
Alez-vous-en, jel vous comant,
Que vous n'entrez jamés céenz. »
Gautiers s'en part triste et dolenz,
Et la dame remest penssive,
Et li sires à li estrive :
« Par Dieu, fet-il, de grant ardure
Vous venoit et de grant luxure;
Vous ne le poez pas noier,
Que vous voliez bien que Gautier
Lessast les œuvres de ses mains
Por marteler desus vos rains;
Jà en aurez vo guerredon. »
Lors avoit pris un grand baston,
Si la vous commence à paier,
Si que les os li fet ploier.
Se li a tant de cops donez

Qu'il est sor li trestoz lassez.
　Par cest example voil moustrer
C'on doit ainçois le leu huer
Des bestes qu'il y soit venuz.
Se li fèvres se fust téuz,
Que Gautiers éust bouté enz,
La dame éust fait ses talenz.
A cest mot fineront no conte.
Que Diex nous gart trestoz de honte.

Explicit du Fèvre de Creeil.

XXII

DE GOMBERT ET DES .II. CLERS

Man. F. Fr. 837, f. 210 v' à 211 v°, et 2168 F. Fr.

EN cest autre fablel parole
De .II. clers qui vienent d'escole;
Despendu orent leur avoir
En folie plus qu'en savoir.
Ostel quistrent chiés un vilain;
De sa fame, dame Guilain,
Fu l'un des clers, lués que là vint,
Si fols que amer li convint;
Mès ne set coment s'i acointe,
Quar la dame est mingnote et cointe;
Les iex ot vairs come cristal.
Toute jour l'esgarde à estal
Li clers, si qu'à paine se cille,
Et li autres ama sa fille,
Qui adès i avoit ses iex.
Cil mist encor s'entente miex,
Quar sa fille est et cointe et bele,
Et je di qu'amor de pucele,
Quant fins cuers i est ententiex,
Est sor toute autre rien gentiex,
Comme li ostors au terçuel.

Un petit enfant en berçuel
Paissoit la bone fame en l'aistre.
Que qu'ele entendoit à lui paistre,
Uns des clers lez li s'acosta;
Fors de la paelete osta
L'anelet dont ele pendoit;
Si le bouta luès en son doit
Si coiement que nul nel sot.
Tel bien com sire Gombers ot
Orent assez la nuit si oste,
Lait boilli, matons et composte;
Ce fu assez si come à vile.
Cele nuit fu moult dame Guile
Regardée de l'un des clers;
Ses iex i avoit si aers
Que il nes en pooit retrère.
Li preudom, qui ne sot l'afère
Et n'i entendoit el que bien,
Fist lor lit fère près del sien;
Ses coucha, et les a couvers.
Lors se couche sire Gombers
Quant fu chauféz au feu d'esteule,
Et sa fille jut toute seule.
Quant la gent se fu endormie,
L'uns des clers ne s'oublia mie;
Molt li bat li cuers et flaele;
A tout l'anel de la paele
Au lit la pucele s'en vint.
Oiez coment il li avint;
Lez li se couche, les dras œvre :

« Qui est-ce, Diex, qui me descuevre ?
Dist-ele quant ele le sent.
Sire, por Dieu omnipotent,
Que querez-vous ci à ceste eure ?
— Suer, dist-il, se Diex me sequeure,
N'ai talent qu'en sus de vous voise ;
Mès tesiez vous, ne fetes noise,
Que vostre père ne s'esveille,
Quar il cuideroit jà merveille,
S'il savoit que o vous géusse ;
Il cuideroit que je éusse
De vous fètes mes volentez ;
Mès, se vos mes bons consentez,
Granz biens vous en vendra encor,
Et si aurez mon anel d'or,
Qui miex vaut de .IIII. besanz ;
Or sentez comme il est pesanz ;
Trop m'est larges au doit m'anel. »
Et cil li a bouté l'anel
Ou doit, si qu'il passa la jointe.
Et cele s'est près de lui jointe,
Et jure que jà nel prendroit.
Toutes eures, mi tort, mi droit,
L'uns vers l'autre tant s'amolie
Que li clers li fist la folie.
Et, quant il plus l'acole et baise,
Plus est ses compains à malaise,
Quar ressouvenir li fesoit ;
Ce qu'à l'un paradis estoit
Sambloit à l'autre droiz enfers.

Lors se liève sire Gombers;
S'ala à l'uis pissier toz nuz;
L'autre clers est au lit venuz;
A l'esponde par de devant
Prist le berçuel o tout l'enfant,
Au lit le porte où a géu.
Or est dant Gombert decéu;
Quar adès à coustume avoit
La nuit, quant de pissier venoit,
Qu'il tastoit au berçuel premier.
Si come il estoit coustumier,
Lors vint tastant sire Gombers
Au lit, mès n'i ert pas li bers;
Quant il n'a le berçuel trové,
Lors se tient à musart prové;
Bien cuide avoir voie marie.
« Li maufez, dist-il, me tarie,
Quar en cest lit gisent mi oste. »
Il vint à l'autre lit encoste,
Le bers i trueve et le mailluel,
Et li clers jouste le pailluel
Se trest, que nel truist le vilain.
Moult fu siré Gombers en vain,
Quant il n'a sa fame trovée;
Cuide qu'ele soit relevée
Pissier et fère ses degras.
Li vilains senti chaus les dras,
Si se couche entre .II. linceus;
Li sommaus li fu pris des eux;
Si s'endormi isnel le pas.

Et li clers ne s'oublia pas ;
O la dame s'en vait couchier ;
Ainz ne li lut son nez mouchier
S'ot esté .III. fois assaillie.
Or a Gombers bone mesnie ;
Moult le mainent de male pile.
« Sire Gombers, dist dame Guile,
Si viez hom com estes et frailes,
Moult avez anuit esté quailes ;
Ne sai or de qoi vous souvint ;
Pieça mès qu'il ne vous avint ;
Ne cuidiez-vous que il m'anuit ?
Vous avez ausi fet anuit
Que s'il n'en fust nus recouvriers ;
Moult avez esté bons ouvriers ;
N'avez guères esté oiseus. »
Li clers, qui ne fu pas noiseus,
En fist toutes voies ses buens,
Et li lesse dire les suens.
Ne l'en fu pas à une bille
Cil qui gisoit avoec la fille ;
Quant ot assez fet son delit,
Penssa qu'il r'ira à son lit
Ainz que li jors fust escleriez.
A son lit en est reperiez,
Là où gisoit Gombers ses ostes.
Cil le fiert du poing lèz les costes
Grant cop du poing, o tout le coute :
« Chetiz, bien as gardé la coute,
Fet-il, tu ne vaus une tarte ;

Mès, ainz que de ci me departe,
Te dirai jà grande merveille. »
A tant sire Gombers s'esveille ;
Esraument s'est apercéuz
Qu'il est trahis et déçeuz
Par les clers et par lor engiens.
« Or, me di, dist-il, d'ont tu viens ?
— D'ont ? dist-il, si noma tout outre,
Par le cul bieu, je vieng de foutre,
Mès que ce fu la fille l'oste ;
Pris en ai devant et encoste ;
Aforé li ai son tonel,
Et se li ai donné l'anel
De la paelete de fer.
— Ha ! ce soit de par cels d'enfer,
Fet-il, à cens et à milliers. »
A tant l'aert par les illiers ;
Si le fiert du poing lez l'oïe,
Et cil li rent une joïe
Que tuit li œil li estincelent.
Si durement s'entreflaelent
Entre els, qu'en diroie-je el,
C'on les péust en .I. tinel
Porter tout contreval la vile.
« Sire Gombert, dist dame Guile,
Levez tost sus, quar il me samble
Que no clers sont meslé ensamble ;
Je ne sai qu'ils ont à partir.
— Dame, j'es irai departir. »
Lors s'en vint li clers cele part ;

Trop i dust estre venuz tart,
Que ses compains ert abatuz,
Puisque cil i fu embatuz.
Le pior en ot dans Gombers,
Quar il l'ont ambedui aers ;
L'uns le pile, l'autres le fautre.
Tant l'ont debouté l'un sor l'autre
Qu'il ot, par le mien escientre,
Le dos aussi mol que le ventre.
Quant ainsi l'orent atorné,
Andui sont en fuie torné,
Et l'uis lessent ouvert tout ample.
   Cis fabliaus moustre par example
Que nus hom qui bele fame ait,
Por nule proière ne lait
Clerc gesir dedenz son ostel,
Que il li feroit autretel ;
Qui plus met en aus, plus i pert.
Ci faut li fabliaus de Gombert.

Explicit de Gombert et des .II. clers.

XXIII

DES .II. CHANGEORS.

Manuscrit F. Fr. 837, f. 265 v° à 267 r°.

Qui que face rime ne fable,
Je vous dirai, en lieu de fable,
Une aventure qui avint;
De qui fu fète et à qui vint
Vous en dirai bien vérité.
  Il avint en une cité
Que .II. changéors i avoit
Jones et biaus, et moult savoit
Chascuns du change maintenir.
Entr'aus .II. orent à tenir
Longuement compaignie ensanble;
Mès chascuns avoit, ce me samble,
Par soi le sien herbergement.
Ainsi furent moult longuement
Entr'aus .II. sans acompaignier,
Fust à perdre ou à gaaignier,
Tant que l'uns d'aus se maria,
Et li autres tant taria
Cele que ses compains ot prise
Qu'ele fu de s'amor esprise,
Et firent quanques bon lor fu

Li uns à l'autre sanz refu.
Ainsi maintindrent lor amors
Longuement, qu'ainz n'en fu clamors
Ne par privé ne par estrange.
.I. matin se séoit au change
Li bachelers qui la fame ot,
Et li autres, qui moult amot
La borgoise, jut en son lit.
Por son bon et por son delit
L'envoia querre, et cele vient.
« Dame, fet-il, il vous covient
Toute nue lez moi couchier;
Se de rien nule m'avez chier,
Couchiez i vous sanz contredit. »
— Amis, vous n'avez pas bien dit,
Fet la dame, se Diex me gart;
Il covient mener par esgart
Amors, qui les veut maintenir,
Que l'en nes puist por sos tenir.
N'en est pas mes sires jalous,
Ainz avons entre moi et vous
Jusques ci nostre amor éue
C'onques par nul ne fu séue.
La volez-vous fère savoir?
Cil n'est mie plains de savoir
Qui tout à escient s'aville;
Bien savez-vous qu'en ceste vile
Est mes sires, sanz nule faille,
Et, s'il avient que il s'en aille
Ainz que je reviegne en méson,

Mestrie aura et achoison
De jalousie à toz jorz mès.
— Dame, fet-il, tenez nouz pès ;
Je n'ai cure de preeschier ;
Mès venez vous lèz moi couchier,
Maintenant que fère l'estuet. »
Et cele voit que miex ne puet ;
Despoille soi, quel que l'en chiée.
   Si tost come ele fu couchiée,
Cil 'fet prendre toute sa robe,
Et mettre en une garderobe,
Puis a son compaignon mandé ;
Cil vient là ; si a demandé
Où est li sires de céenz ;
D'autrui aises est-il noienz
Fors que des siens, ce m'est avis.
« Compains, fet-il, je vous plevis,
Se vous saviiez orendroit
Qui ci gist, vous auriiez droit.
De ce dirai ; venez avant ;
D'une haute chose me vant,
Dont je ne vous mentirai mie,
Que j'ai la plus très bele amie
Qui onques fust, qui lèz moi gist. »
Quant cele l'entent, si fremist ;
N'est merveille se s'esbahi,
Quant son seignor parler oï.
Lors est cil en la chambre entrez,
Et li dist : « Biaus compains, moustrez
Vostre amie, se Diex vous saut. »

Et céle fremist, si tressaut;
Mès bien à point son vis li cuevre,
Et cil les treces li descuevre
Qui furent de trop grant beauté.
« Compains, par vostre léauté,
Véez, a-il ci biau tesmoing ?
— Je méismes le vous tesmoing,
Fet li autres; se Diex me gart,
Je cuit bien qu'ele a douz regart,
Quant ele est si bele de ça. »
Et ele adès se remuça
Souz son ami, et boute et tire;
Mès cil remoustre tout à tire
Piéz et jambes, cuisses et flans,
Les hanches et les costéz blans,
Les mains, les braz, et les mamelles,
Qu'ele avoit serrées et belles,
Le blanc col et la blanche gorge.
« Compains, foi que je dois saint Jorge,
Fet cil, qui n'en conoissoit mie,
N'avez pas failli à amie;
Bien devez gesir matinée
Lèz la plus bele qui soit née,
Au tesmoing que j'en ai véu.
Aucun pechié m'avoit méu,
Que j'ai si tost fame espousé;
Mainte fois m'en a puis pesé,
Et poise, ce sachiez de voir.
Moult par devez grant joie avoir,
Et de bone eure fustes nez,

Quant si bien estes assenez;
Mès, foi que je dois saint Martin,
Tart m'est que je liève au matin. »
Lors a cil couverte s'amie,
Et dist : « Compains, ne vous poist mie
Se je ne vous moustre sa chière;
Je la dout tant et tant l'ai chière
Que ne vueil que plus en voiez.
— Je m'en tieng moult bien à paiez,
Fet cil, se Diex me benéie;
Vous avez bele compaignie;
Si la servez à sa devise
Qu'el praingne en gré vostre servise. »
A tant li bachelers s'en torne,
Et cele se vest et atorne;
De soi chaucier ne fu pas lente.
Moult fu coroucie et dolente;
Vers son ostel issi s'en vint.
 .III. semaines après avint
Que la dame fist .I. baing fère,
Et li sires en son afère
Fu aléz aus chans ou aillors;
Et la borgoise mande lors
Son ami que, por rien qu'aviegne,
Ne lest pas que à li ne viegne.
Cil vient là; si a demandé
Por qoi ele l'avoit mandé.
« Amis, fet-ele, tant vous aim
Que por vous fis fère cel baing;
Si nous baingnerommes ensamble.

Tout autre solaz, ce me samble,
Ai-je de vostre cors éu ;
Nous avons ensamble géu
Maintes fois par nuit et par jor.
Sachiez que j'aim moult le sejor,
Quant je vous ai à compaignon ;
Or me plest que nous nous baignon ;
Lors si aurai quanques je vueil.
— Dame, dist-il, trop grant orgueil
Avez dit ; ainz n'oï greignor.
Je vi ore vostre seignor
Qui revendra, je ne gart l'eure.
— Par toz les Sains que l'en aeure,
Fet la dame, sachiez de fi,
Se nel fetes, je vous deffi
De m'amor et la vous deffent.
A pou que li cuers ne me fent
Quant je onques jor de ma vie
Oï de cest home amer envie,
Qui se plaint ainz que li cops chiée.
— Dame, ainz que nostre amor dechiée,
Fet li vallés, je sui tout prest
De fère quanques bon vous est,
Puis qu'il vous plest et bon vous samble. »
Lors sont entré el baing ensamble,
Et, por ce c'on nes puist sousprendre,
La robe au vallet a fet prendre
La dame, et metre en une huche.

Estes-vos le seignor qui huche,
Que la dame ot envoié querre.

Lors vousist estre en Engleterre
Cil qui se baingne, quant il ot
Son compaignon qui apelot.
Durement en fu esbahiz :
« Dame, dist-il, je sui trahiz,
Quant j'empris onques cest afère.
Or ne sai que je puisse fère ;
Metez-i conseil, par vostre ame.
— Comment, vassaus, ce dist la dame,
Estes-vous de si biau confort?
Je vous voi bel et grant et fort ;
Si vous deffendez come preus :
Je cuit bien que c'est vostre preus
S'à deffendre vous afichiez,
Ou derrière moi vous fichiez,
Se vous cuidiez estre sorpris. »
Et cil s'est au plus legier pris :
Derrier la dame s'est tapis,
Qui d'un blanc drap et d'un tapis
Ot bien fète couvrir la cuve ;
Li vallés derrier li se muce,
Que ainsi fère li covient.
     Estes-vos le seignor qui vient,
Et la dame li a dit : « Sire,
Ça venez ; .I. poi vous vueil dire
De chose dedenz vostre oreille. »
Cil se besse, ele li conseille :
« Sire, fet-ele, ci se baingne
O moi une moie compaingne,
Riche borgoise et riche fame ;

Mais, par la foi que je doi m'ame,
Ele est plus noire c'une choe,
Et plus grosse qu'une baschoe ;
Ainz ne vi fame si mal fète.
Ele se plaint et se deshète
De ce que vous estes ici.
Si vous en vueil crier merci,
Foi que devez au Sauvéor,
C'un petit li faciez paor,
Seulement de samblant moustrer
Que vous volez el baing entrer,
Ele ne sera mès hui aise. »
Moult fu li vallès à mesaise,
Qui ne sot de qoi el parloit ;
Et cele en haut dist, si qu'il l'oit :
« Biaus sires, venez vous baignier,
Et demain vous ferez sainier,
Que la sainie vous demeure. »
La chamberière sanz demeure
Vient au seignor ; si le deschauce ;
Et li vallès forment enchauce
Et pince et boute la borgoise,
Qui moult se jue et moult s'envoise
De la paor que cil avoit.
N'est pas à aise quant il voit
Son compaignon qui se despoille ;
Lors joinst les mains, si s'agenoille,
Et dist : « Dame, por Dieu merci ;
Ne honissiez moi et vous ci,
Que se vostre sire me trueve,

Jà n'i aura mestier c'on trueve
Ne parole, ne serement. »
Moult losenge cil durement
Cele qu'il tenoit à amie ;
Mès la dame n'i entent mie,
Ainz l'a derrier son cul torné ;
Le musart a si atorné
Qu'il ne la puet véoir el vis.
Onques nus hom, à mon avis,
Ne fu mès aussi desjouglez ;
Or n'est-il pas si enjenglez
Come il fu l'autrier en sa chambre,
Ainz li fremissent tuit li membre ;
Du conforter est-ce néenz,
Qu'il voit le seignor de léens
Qui toute a jus sa robe mise,
Fors ses braies et sa chemise ;
Mès ses braies maintenant oste,
Si près de la cuve s'acoste,
C'un de ses piez a el baing mis.
Et la dame li dist : « Amis,
Or vous chauciez, se vous volez ;
Cist bains n'est pas assez coulez,
Ne vueil pas que vous i baingniez ;
Mès moult me plest quant vous daingniez
Baingnier o moi : miex vous en pris ;
Si ai un autre conseil pris :
Demain ferai .I. baing tout froiz
Qui sera coulez .IIII. foiz ;
Si vous baingnerez, s'il vous plest. »

A cest mot li sires se vest
Et s'atorne, puis vait au change.
« Vassal, fet-ele, tel eschange
Doit l'en fère au musart prové;
Or vous ai-je bien esprouvé
A coart et à recréant.
Mès aujord'ui, ce vous créant,
Ert de nous deux la departie. »
Maintenant s'est du baing partie,
Si s'est en sa chambre enfermée,
Et cil, qui moult l'avoit aimée,
Fu de mauvès contenement.
La chamberière isnelement
Li rent sa robe, et il s'atorne;
Maintenant de l'ostel s'en torne.
Mès il se tint à mal bailli
De ce que il a si failli
Du tout en tout à la borgoise,
Qui de ce fist moult que cortoise
Qui s'en parti et atarja.
Ainsi la dame s'en venja.

Par cest fablel prover vous vueil
Que cil fet folie et orgueil
Qui fame engingnier s'entremet;
Quar qui fet à fame .I. mal tret,
Ele en fet .X. ou .XV. ou .XX.
Ainsi ceste aventure avint.

Explicit des .II. Changéors.

XXIV

LE FLABEL D'ALOUL.

Man. F. Fr. 837, fol. 143 v° à 148 v°.

Qui d'Aloul veult oïr le conte,
Si com l'estoire nous raconte,
Sempres en puet assez oïr,
S'il ne le pert par mesoïr.
Alous estoit uns vilains riches,
Mès moult estoit avers et ciches,
Ne jà son vueil n'éust jor bien ;
Deniers amoit seur tote rien,
En ce metoit toute s'entente.
Fame avoit assez bele et gente,
Novelement l'ot espousée,
C'uns vavassors li ot donée
Por son avoir d'iluec entor.
Alous l'amoit de grant amor.
Ce dist l'escripture qu'Alous
Garde sa fame com jalous.
Male chose a en jalousie.
Trop a Alous mauvèse vie,
Quar ne puet estre asséurez ;
Or est Alous toz sos provez,
Qui s'entremet de tel afère.

Or a Alous assez à fère,
S'ainsi le veut gaitier toz jors.
Or escoutez come il est lors.
Se la dame va au moustier,
Jà n'i aura autre escuier,
Coment qu'il voist, se Aloul non,
Qui adès est en soupeçon
Qu'ele ne face mauvés plet.
A la dame forment desplest,
Quant ele premiers l'aperçoit;
Lors dist que s'ele nel deçoit,
Dont sera-ele moult mauvaise,
Se lieu en puet avoir et aise.
Ne puet dormir ne jor ne nuit;
Moult het Aloul et son deduit;
Ne scet que face, ne conment
Ele ait pris d'Aloul vengement,
Qui le mescroit à si grant tort;
Peu repose la dame et dort.
 Longuement fu en cel escil,
Tant que li douz mois fu d'avril,
Que li tens est souez et douz
Vers toute gent, et amorouz;
Li roxingnols la matinée
Chante si cler par la ramée
Que toute riens se muert d'amer.
La dame s'est prise à lever,
Qui longuement avoit veillié;
Entrée en est en son vergié;
Nus piez en va par la rousée;

D'une pelice ert afublée,
Et .I. grant mantel ot deseure.
Et li prestres en icele eure
Estoit levez par .I. matin;
Il erent si très près voisin,
Entr'aus deux n'avoit c'une selve.
Moult ert la matinée bele,
Douz et souez estoit li tens,
Et li prestres entra léenz,
Et voit la dame au cors bien fet.
Et bien sachiez que moult li plest,
Quar volentiers fiert de la crupe;
Ainz i metroit toute sa jupe
Que il n'en face son talent.
Avant s'en va tout sagement,
Com cil qui n'est pas esmaiez :
« Dame, fet-il, bon jor aiez;
Por qu'estes si matin levée?
— Sire, dist-ele, la rousée
Est bone et saine en icest tans,
Et est alegemenz moult granz,
Ce dient cil fusicien.
— Dame, dist-il, ce cuit-je bien,
Quar par matin fet bon lever;
Mès l'en se doit desjéuner
D'une herbe que je bien conois;
Vez le là près, que je n'i vois;
Corte est et grosse la racine,
Mès moult est bone medecine;
N'estuet meillor à cors de fame.

FABL. I   33

— Sire, metez outre vo jambe,
Fet la dame, vostre merci,
Si me moustrez si ele est ci.
— Dame, fet-il, iluec encontre. »
A tant a mise sa jambe outre;
Devant la dame est arestez;
« Dame, dist-il, or vous séez,
Quar au cueillir i a mestrie.' »
Et la dame tout li otrie,
Qui n'i entent nule figure.
Diex, c'or ne set cele aventure
Alous, qui en son lit se gist!
La dame isnelement s'assist;
Ses braies avale li prestres,
Qui de ce fère estoit toz mestres;
La dame enverse, si l'encline,
Bien li aprent la medecine,
Et ele vuisque sus et jus.
« Sire, fet-ele, levez sus,
Fuiez de ci; Diex! que ferai?
Jamès prestre je ne croirai. »
Et li prestres resaut en piez,
Qui moult estoit bien aaisiez.
« Dame, dist-il, or n'i a plus.
Vostre amis sui et vostre drus,
Dès or vueil tout vostre gré fère.
— Sire, dist-ele, cest afère
Gardez que soit celé moult bien,
Et je vous donrai tant du mien,
Que toz jors mès serez mananz.

Foi que doi vous, bien a deux anz
Qu'Alous me tient en tel destrèce,
Qu'ainc puis n'oï joie ne léèce,
Et si est tout par jalousie ;
Si en haz moult, sachiez, sa vie,
Quar mainte honte m'en a fète.
Fols est qui fame espie et guète.
Dès or mès porra dire Alous,
Si dira voir, que il est cous.
Dès or vueil estre vostre amie.
Quant la lune sera couchie,
Adonc venez sans demorée,
Et je vous serai aprestée
De vous reçoivre et aaisier.
— Dame, ce fet à mercier,
Fet li prestres, vostre merci ;
Departons-nous hui mès de ci,
Que n'i sorvengne dans Alous ;
Penssez de moi et je de vous. »

  A tant s'en partent enes l'eure ;
Chascuns s'en va, plus n'i demeure ;
Cele revint à son mari,
Qui moult avoit le cuer mari.
« Dame, fet-il, d'ont venez-vous ?
— Sire, fet-el, de là desous,
Dist la dame, de cel vergié.
— Conment, fet-il, sanz mon congié ?
Poi me doutez, ce m'est avis. »
Et la dame se test toz diz,
Que de respondre n'avoit cure.

Et Alous se maudist et jure,
S'une autre foiz li avenoit,
Honte et ledure li feroit.
Atant remest, s'est saillis sus,
Trestoz penssis et irascus;
Moult se doute de puterie;
Bien le demaine jalousie,
Qui de lui fet tout son voloir.
Çà et là vait par son manoir
Savoir s'il i avoit nului
A cui sa fame éust mis lieu,
Tant qu'il s'en entre en .I. jardin.
Douz tens fesoit et cler matin,
Et garde et voit que la rousée
I estoit auques defoulée
De lieu en lieu par le vergié;
S'en a son cuer forment irié.
Avant en vait en une place,
Iluec endroit li piez li glace,
Que sa fame fu rafetie,
Por son pié qui ainsi li glie;
Il esgarde tout environ,
Et vit le leu où li talon
Erent hurté et li orteil.
Or est Alous en mal trepeil,
Quar il set bien tout à fiance,
Et li leus li fet demoustrance
Que sa fame a esté en œvre.
Ne set conment il se descuevre,
Quar n'en veut fère renommée,

S'ert la chose miex esprovée,
Et plus apertement séue.
Or est la dame decéue,
S'ele ne se set bien gaitier.
 A tant est pris à anuitier :
Alous en sa meson repère;
Ne veut sa fame samblant fère
Que de rien l'ait apercéue.
La mesnie est au feu venue,
Si se sont au mengier assis;
Après mengier ont fet les lis,
Si sont couchié tuit li bouvier,
Et Alous s'en revait couchier,
Il et sa fame maintenant.
« Dame, fet-il, couchiez devant,
Delà devers cele paroit,
Quar je leverai orendroit
Por ces bouviers fère lever,
Jà sera tans d'en champ aler
Por noz terres à gaaignier.
— Sire, vous i irez premier,
Fet la dame, vostre merci,
Quar je me dueil certes ici
Sor ceste hanche ci endroit;
Je croi que clous levez i soit,
Quar je en sui à grant malaise. »
Atant Alous la dame apaise,
Que couchiez est et ele après;
Mès ne l'a or guetié si près,
Que l'uis ne soit ouvers remez.

Or est Alous moult enganez,
Quar il s'en dort isnel le pas.
Et li prestres vient, pas por pas,
Tout droit à l'uis, defferm le trueve,
Puis boute .I. poi, et puis si l'uevre,
De toutes pars bien le compisse.
Or avoit el mèz une lisse
Qui fesoit grant noise et grant brait;
Et li prestres el n'en a fait,
La charnière va compissier,
Quar n'a cure de son noisier.
Quant le prestre aperçoit et sent,
Vers lui lest corre, si descent,
Si le saisit par son sorcot;
Se li prestres n'esrast si tost
Dedenz la chambre, à icele eure
Defors fust male la demeure.
Tout souef oevre l'uis et clot,
Et la lisse dehors reclot,
Quar n'a cure de son noisier;
Moult het la lisse et son dangier,
Qu'ainc ne fist bien gent de son ordre,
Adès les veut mengier et mordre.
Or est li prestres derrier l'uis,
Mès il est plus de mienuis.
Si s'est .I. poi trop atargiez,
Quar Alous se r'est esveilliez,
Qui longuement ot traveillié
Por .I. songe qu'il ot songié;
S'en est encor toz esbahis,

Quar en sonjant li est avis
C'uns prestre en la chambre est entrez,
Toz rooingniez et coronez,
S'avoit sa fame si sorprise,
Et si l'avoit desouz lui mise
Qu'il en fesoit tout son voloir,
Et Alous n'avoit nul pooir
Qu'il li péust aidier ne nuire,
Tant c'une vache prist à muire,
Qui Aloul gete de s'error.
Mès encore ert en grant fréor.
Sa fame acole, si l'embrace,
N'a cure que nus tort l'en face :
Par la mamele prent s'amie,
Et sachiez qu'ele ne dort mie,
Dès or mès en veut prendre garde.
Et li prestres pas ne se tarde;
Vait, pas por pas, tout droit au lit,
Où Alous et sa fame gist.
Ele est forment en grant tormente;
Fet-ele : « Come gis à ente;
Ostez vo braz qui seur moi gist;
Traiez en là; j'ai poi de lit,
A paine puis r'avoir mes jambes.
— Diex! dist Alous, qu'estuet ces fames? »
Par mautalent est trais en sus,
Et li prestres est montez sus;
Tost li a fet le ravescot.
Et Alous se retorne et ot
Que li lis croist, et crisne, et tramble.

Avis li est que on li amble;
De sa fame est en grant soloit,
Quar ainsi fère ne soloit.
Sa main gete desus ses draz,
Le prestre sent entre ses braz;
A tant se va atapissant,
Et par tout le va portastant,
Quar à grant paine se puet tère.
Le prestre prent par son afère,
Et sache, et tire, et huche et crie :
« Or sus, fet-il, or sus, mesnie;
Fil à putain, or sus, or sus!
Céenz est ne sai qui venus
Qui de ma fame m'a fet cop. »
Et la dame parmi le cop
Saisi Aloul, et par la gueule :
Li prestres de sa coille veule
Les dois par force li dessere,
Et sache si qu'il vint à terre
Enmi la chambre sor .I. aistre.
Or a le prestre esté à maistre,
Moult a souffertes granz dolors;
Cui chaut, quant c'est tout par amors,
Et por fère sa volenté?
A tant sont li bouvier levé;
L'un prent tinel, l'autres maçue,
Et li prestres ne se remue,
Sempres aura le col carchié,
A ce que il sont moult irié
Por lor seignor qui ainsi crie;

Toute est levée la mesnie;
Cele part corent et vont tuit.
Or n'a li prestres de réduit,
Fors tant qu'il entre en .I. toitel
Où brebis gisent et aignel;
Iluec se tapist et achoise.
Or fu au lit grande la noise
De la dame et de son mari,
Qui moult avoit le cuer mari
De ce qu'il a perdu sa paine :
A paine puet r'avoir s'alaine,
Tant orent hustiné ensamble.
Mès la mesnie les dessamble,
Si est remèse la meslée.
Et Alous a trète s'espée,
Celui quiert avant et arrière;
N'i remest seille ne chaudière,
Que li bouvier n'aient remut.
Or sevent bien et voient tuit
Que par songe est ou par arvoire;
Ne tienent pas la chose à voire.
« Sire, font-il, lessiez ester;
Alons dormir et reposer;
Songes fu ou abusions.
— Vois por les vaus, vois por les mons,
Fet Alous, qui ne mariroit,
Quant je le ting orains tout droit
A mes .II. mains, et vous que dites?
Conment! s'en ira-il donc quites?
Alez le querre en cel mestier,

Et sus et jus en cel solier,
Et si gardez soz cel degré :
Moult m'aura cil servi à gré
Qui premiers le m'enseignera;
.II. sestiers de forment aura,
Au Noel, outre son loier. »
Quant ce entendent li bovier
Qui moult covoitent le forment,
Çà et là vont isnelement;
Tout par tout quièrent sus et jus;
S'or n'est li prestres bien repus,
Tost i puet perdre du chatel.
  Or avoit-il enz en l'ostel
Hersent, une vieille bajasse,
Qui moult estoit et mole et crasse;
En l'estable s'en vient tout droit
Où li prestres repuz estoit,
Tous sanz lumière et sanz chandeille;
Les brebis eschace et esveille,
Et va querant et assentant
Où li prestres ert estupant;
S'avoit ses braies avalées,
Et les coilles granz et enflées,
Qui pendoient contre val jus :
Or est li cus entor velus;
Si sambloit ne sai quel figure.
Hersens i vint par aventure;
Ses mains geta sor ses coillons;
Si cuide que ce soit moutons
Qu'ele tenoit iluec endroit

Par la coille qui grosse estoit;
Et .I. poi met ses mains amont;
Velu le trueve et bien roont
En .I. vaucel en le moière;
Hersent se trest .I. poi arrière;
Si se merveille que puet estre.
Et cil, qui veille, c'est le prestre,
Hersent saisi par les timons,
Si près de li s'est trais et joins
Qu'au cul lui a pendu sa couple.
Or est Hersent merveille souple,
Ne set que fère; s'ele crie,
Toute i vendra jà la mesnie;
Si sauroient tout cest afère;
Dont li vient-il miex assez tère
Qu'ele criast, ne féist ton.
Hersent, ou ele vueille ou non,
Sueffre tout ce que li a fait,
Sanz noise, sanz cri et sanz brait;
Fère l'estuet, ne puet autre estre.
« Hersent, fet-il, je sui le prestre;
A vo dame ère ci venuz,
Mais j'ai esté apercéuz;
Si sui ci en grant aventure ;
Hersent, gardez et prendez cure
Conment je puisse estre delivres,
Et je vos jur sur toz mes livres
Que toz jors mès vous aurai chière. »
Hersent, qui fet moult mate chière :
« Sire, fet-ele, ne cremez,

Quar, se je puis, bien en irez. »
A tant se liève, si s'en part
Hersent, qui auques savoit d'art;
Samblant fet qu'ele soit irée,
A haute voix s'est escriée :
« Fil à putain, garçon, bouvier,
Que querez-vous ? Alez couchier,
Alez couchier, à pute estraine;
Come a or emploié sa paine
Ma dame, qui tant bien vous fet !
Moult dit bien voir qui ce retret :
Qui vilain fet honor ne bien,
Celui het-il sor toute rien;
Tel loier a qui ce encharge.
Ma dame n'a soing de hontage,
Ainz est certes moult bone dame;
Bon renon a de preude fame,
Et vous li fètes tel anui.
Mès, se j'estoie com de li,
Céenz n'auriez oés ne frommage
S'auriez restoré le domage;
Des pois mengerez et du pain;
Bien vous noma à droit vilain
Cil qui premiers noma vo non,
Par droit avez vilain à non,
Quar vilain vient de vilonie.
Que querez-vous, gent esbabie ?
Que menez-vous tel mariment ? »
Quant li bouvier oient Hersent
Et il entendent la menace,

S'ont grant paor que li frommage
Ne voist chascun de fors le ventre;
Tout maintenant vienent ensamble
Por eus deffendre et escondire :
« Hersent, font-il, ce fet no sire,
Qui nous fet fère son talant;
Mès ce sachiez d'ore en avant,
N'i a celui qui s'entremete;
No dame done sanz prometre,
Et si est moult et preus et sage,
Et noz sire fet grant outrage
Qui à si grant tort la mescroit ;
Or entend bien avoec, et voit
Que il a tort; si va couchier. »
 Recouchié sont tuit li bouvier,
Et Alous moult sa fame chose,
Et dist que ne face tel chose,
Dont il ait honte en mi la voie.
« Diex, com puis ore avoir grant joie,
Fet la dame, de tel seignor
Qui me porte si grant honor!
Honis soit or tels mariages,
Et honis soit li miens parages
Qui à tel homme m'ont donée;
Ne jor, ne soir, ne matinée,
Ne puis avoir repos ne bien,
Et si ne set ne ne voit rien
Porqoi il me mescroit issi.
Moult aura lonc afère ci,
S'ainsi me veut adès gueter;

Dès ore a moult à espier;
Assez a encarchié grant fais.
— Dame, fet-il, lessiez me en pais,
A mal éur aiez repos. »
A tant li a torné le dos,
Et fet semblant que dormir doie.

 Et li prestres, qui ne s'acoie,
Qui en l'estable estoit repuz,
De rechief est au lit venuz :
Si se couche avoeques s'amie,
Et Alous, qui ne dormoit mie,
Sent que li prestres est montez,
Et lui méisme est porpensez
Que il sont dui, et il est seus :
Si n'est mie partiz li geus,
Quar il est seus et il sont dui;
Tost li porroient fère anui,
S'il començoient la meslée.
Tout coiement a pris s'espée,
D'iluec se liève, si les lait;
A ses bouviers iriez revait :
« Dors-tu, fet-il, va, Rogelet?
Foi que doi ti, revenuz est
Cil qui ma fame m'a fortret;
Estrange honte m'aura fet;
Eveille tost tes compaignons,
S'alons à lui, si l'assaillons,
Et se par force prendons l'oste,
Chascuns aura ou chape ou cote,
Et son braioel à sa mesure. »

Si s'afiche chascuns et jure,
Quant il entendent la promesse,
Que maus cus lor chantera messe,
Se le puèent tenir aus poins.
　　Hersent, qui n'estoit mie loins,
Qui n'ert encore recouchie,
S'estoit à un huis apoïe ;
D'iluec entendoit tout le fet,
Et tout l'afère et tout le plet,
Conment Alous porquiert sa honte.
Au prestres vient, et se li conte ;
Mès or se liet, et si se gart.
Et li prestre d'iluec se part,
Mès trop se tarde à destorner ;
Ce li porra sempres peser,
Qu'Aloul en mi sa voie encontre :
« Diex, fet li prestres, bon encontre. »
Et Alous saut et si le prent
Par les cheveus iréement ;
« Or ça, fet-il, fil à putain,
Or i metez chascun sa main,
Efforciez-vous du retenir. »
Qui lors véist bouviers venir,
Se li uns fiert, li autres boute,
Come cil qui n'i voient goute :
Por le prestre ont Aloul aers,
Les os li froissent et les ners ;
Del retenir s'efforcent tuit,
Et li prestres saut, si s'enfuit,
Ne set quel part, quar il est nuis,

Si ne set assener à l'uis,
Moult volentiers vuidast l'ostel,
Tant que il trueve .I. grant tinel,
Et taste à terre et trueve .I. van ;
Fez ert en méisme cel an ;
Li vans ert moult et granz et lez,
Apoiez ert à uns degrez.
Le van a pris et si l'emporte
Sus les degrez, et s'en fet porte,
Iluec vaudra estal livrer :
Bien saura son parin nomer
Qui là vaudra à lui venir,
Tant come il se porra tenir.
Or ert li prestre en forterèce,
Et Alous est en grant destrèce,
Que li vilain ont entrepiez ;
Vilainement fust jà tretiez,
S'il ne se fust si tost nommez.
Ours ne fu onques miex foulez,
Que li vilains prist au broion,
S'il ne nomast si tost son non.
Quant il sèvent que c'est lor sire,
Si ne sèvent entre eus que dire,
Que moult en est chascuns iriez.
« Sire, font-il, estes bleciez ?
— Naie, fet-il, j'ai pis éu ;
Mès or tost alumez le fu,
Et si fetes au convenant. »
Le feu alument maintenant,
Par la méson quièrent le prestre ;

Rogiers, qui ert toz li plus mestre,
Son Seignor veut servir à gré.
Contremont puie le degré
Dont li prestres l'entrée garde;
Mès Rogiers, qui ne s'en prent garde,
Sempres aura une cacoute;
Le van, qu'il tint, enpaint et boute
Si qu'il le perce et qu'il l'esloche,
Et li prestres vers lui s'aproche;
Tele li paie sor l'eschine,
De son tinel, que tout l'encline
Jus del degré enmi la place.
Or a Rogiers ce que il chace;
Se Rogiers a riens qui li poist,
Ce m'est avis, c'est à bon droit :
Qu'aloit-il querre là, folie?
Ez-vous Aloul et sa mesnie;
« Diva, fet-il, es-tu hurtez?
— Sire, fet-il, mal sui menez;
Tout ai froissié et cors et vis,
Que je ne sai quels Antecris
M'a si feru seur cel degré ;
Près va que n'ai le cuer crevé;
Mestier auroie de couchier. »
Sor les degrez vont li bouvier;
« Par le cul bieu, qui est-ce dont? »
Lor buissons lievent contremont;
Savoir vuelent ce que puet estre,
Et gardent, et voient le prestre
Qu'est apoiez deseur la porte,

Et voient le tinel qu'il porte;
Si se traient chascuns arière,
Quar paor ont que il nes fière.
Et Alous saut, s'espée trait,
Hardiement vers lui en vait,
Com cil qui moult est aïrez.
Contremont puie les degrez,
Monte .IIII. eschaillons ou .III.;
Le prestre escoute, s'est toz cois.
Fet-il : « Qui estes-vous là sus ?
— Li prestres sui, estez en sus,
Qui fortune grieve et demaine;
Est-il ore jors de quinsaine?
Je cuidoie qu'il fust Noel,
S'ai grant paor que cest tiné[l]
Ne vous viengne parmi le col;
Bien se porra tenir por fol
Qui sentira combien il poise. »
Dont reconmença la grant noise
Entre le prestre et les bouviers.
Alous, qui auques estoit fiers,
Tant a alé qu'il vint au van;
Si en abat le meillor pan
A s'espée qui bien trenchoit.
Li prestres, quant il l'aperçoit
Que on abat sa forterece,
Cele part son tinel adrece,
Et fiert Aloul par tel vigor
Qu'il li fet prendre .I. si fet tort
Qu'ainc tant come il mist à descendre,

Ne trova point de pain à vendre.
Quant à terre par fu venuz,
S'est si dolenz, s'est si confuz,
Qu'il ne pot dire .I. tout seul mot.
« Aloul, céenz sont li malot,
Fet li prestres, en ce tinel;
Ne vous vuelent en lor ostel,
Ce m'est avis, acompaignier;
Mès, se léenz éust bouvier
Qui en éust meillor éur,
Viegne ça sus tout aséur,
Moult bien puet estre de l'ostel;
Mès, s'il i pert de son chatel,
De rien n'en revendra à moi,
Quar cist chastiaus est en defoi;
Dont i fet-il mauvès monter. »
Qui donc oïst bouviers jurer
Les mons, les tertres et les vaus,
Ainz i sera chascuns si chaus,
Et si matez, et si delis,
C'on les porra escorchier vis,
Ainz qu'il ne l'aient mis à terre.
Lors reconmence la granz guerre
Entre le prestre et les bouviers;
Moult i sera li assaus fiers.
Au degré sont tuit assamblé
Li bouvier, qui moult sont troublé;
Por lor seignor sont coroucié.
Jà ont tant fet et tant drecié
Tout environ et bans et perches,

Seles, eschieles, eschamperches,
Qu'au prestre vienent à delivre.
Et il si bien d'aus se delivre
Qu'il n'i a si hardi, ni tel,
Ne .I., ne autre, enz en l'ostel,
Tant soit garnis ne bien couvers,
Qu'il ne le trebuche à envers
Jus de l'eschiele, maugré sien;
Quar il entent et voit très bien
Que, s'il le tienent à delivre,
A deshonor le feront vivre,
A grant vergoingne et à grant honte.
A tant ez Robin qui i monte,
.I. des plus fors de tout l'ostel;
En sa main tient .I. si grant pel
Qu'à grant paine le soustient-il;
Là où en a .III^c. ou mil,
N'i a il plus hardi qu'il est;
Cil passe d'auques Rogelet,
Quar moult est plus entremetanz;
Moult se tendra por recréanz
Se il ne venge son seignor;
C'est cil qui porte le tabor
Le Diemenche à la carole.
De rien le prestre n'aparole,
Ainz vient avant; si l'empaint outre,
Et le prestre de son pel boute
Si qu'il le fet torner seur destre;
Puis vint avant, s'aert le prestre
Par les cheveus; à lui s'acouple,

Et cil, qui crient perdre sa couple,
Se dresce, s'a estraint les denz,
Robin sesi parmi les lenz ;
A ses .II. mains à lui le tire,
Et cil resache par grand ire ;
Si s'entretienent vivement
C'on les péust sus .I. jument
Porter ans .II., se il fust qui.
Et li bouviers lievent le cri :
« Seignor, font-il, montons là sus ;
Prenons bastons, tineus et fus ;
S'alons no compaignon aidier. »
Quant assamblé sont li bouvier,
Si montent tuit communaument,
Et li prestres, quant il entent
Que Robins doit avoir aïue,
Si se resforce et esvertue ;
Tant a Robin à lui tiré,
Que desouz lui l'a enversé
Toz les degrez outre son vueil,
Si qu'il li samble que li oeil
Li soient tuit du chief sailli.
Mès or sont-il si mal bailli
Qu'il ne se pueent retenir,
Ainz les convint aval venir ;
Les degrez ont toz mescontez,
Et si les a toz enversez
Cil qui aloient à l'assaut,
Tant ert jà chascuns montez haut,
Que sempres se tendront por fol.

Li degré chiéent seur lor col,
Si les trebuchent et abatent,
Les pis, les testes lor debatent,
Les braz, les flans, toz les costez;
Bien ont toz les degrez contez.
Quant à terre par sont venu,
Si chéirent ensamble el fu,
Qui moult estoit alumez granz.
Moult souffrirent cil granz ahanz
Qui desouz furent, ce sachiez;
Qui plaint ses braz, et qui ses piez,
Et qui son cors, et qui sa teste.
Or vous dirai conment le prestre
Est mal baillis et decéuz;
Quant à terre fu parvenuz,
Si le saisi dans Berengiers.
C'est uns vilains, c'est .I. bouviers;
Les jumenz seut chacier devant;
Ainc ne véistes son samblant;
L'un œil a lousque, et l'autre borgne;
Toz diz regarde de clicorgne;
L'un pié ot droit, et l'autre tort.
Cil tint le prestre si très fort
Par .I. des piéz qu'il ne li loist
A reperier là où soloit,
Ainz huche et crie hautement :
« Que fètes-vous, mauvese gent?
Venez avant, et si m'aidiez
Que cis prestres soit escoilliez.
Par les nons Dieu, s'il nous eschape,

Chascuns aura perdu sa chape
Que nous promist, et no cotele. »
Quant li prestres ot la novele,
Sachiez que point ne li agrée ;
Tant a sa jambe à soi tirée
Que des mains dant Berengier l'oste ;
Mès il i a lessié sa bote,
Et son sorcot por son ostage ;
Miex li vient-il lessier son gage
Que de lessier son autre afère.
Bien voit qu'il n'a léenz que fère ;
D'iluec se lieve, si les lesse,
Et chascuns après lui s'eslesse ;
Qui rue fust, et qui tinel.
Li prestres entre en .I. chapel ;
Si se pent là sus contremont ;
Ses genouz met tout en .I. mont ;
Si se quatist que on nel truist.
Cil i vienent, si font grant bruit ;
El chapel sont trestuit entré,
Mès il n'ont nule rien trové,
Ne .I. ne el, néis le prestre ;
Moult se merveillent que puet estre ;
Ce lor samble estre faerie.
Li plus sages ne set que die ;
Si sont dolant et abosmé ;
Tuit cuident estre enfantosmé
Del prestre, qui les a brullez ;
Forment en est chascuns irez.
Del chapel sont tuit fors issu ;

A lor seignor en sont venu ;
Se li ont les noveles dites
Que li prestres en va toz quites.
« Quites, déable, fet Alous,
Et je remaindrai ci si cous ;
N'en serai vengiez par nului !
Des or me torne à grant anui
Li acointance de ce prestre.
Se vos volez mi ami estre,
Si le m'aidiez à espier
Une autre foiz. Alons couchier,
Que je suis moult bleciez ès costes ;
Maudiz soit ore si fèz ostes
Qui cop me fet et si me blece !
N'aurai mès joie, ne leece,
Si me serai de lui vengiez. »
Atant se r'est Alous couchiez.
« Seignor, fet-il, prenez escout
En cele cort et tout par tout,
Car il me samble tout por voir
Qu'il soit ancor en cest manoir ;
Por ce, s'en cest manoir estoit
Nul lieu repuz, trover seroit.
— Sire, à bon eur, font li bouvier ;
Mès il nous covendra mengier,
Que nous avons anuit veillié ;
Si sommes auques traveillié ;
N'i a celui ne soit lassez.
— Ce vueil-je, fet Alous, alez,
Mengiez, et si veilliez trestuit ;

N'i a mès gueres de la nuit;
De legier le poez veillier. »
　　Lors se départent li bouvier;
Si font grand feu por aus chaufer;
Entr'aus conmencent à parler;
Du prestre et de s'aventure
Li uns à l'autre si murmure :
Quant assez orent murmuré,
Et dit, et fet et raconté.
Si reparolent du mengier;
C'est la costume du bouvier;
Jà n'en ert liez s'il ne menjue.
Rogiers, qui porte la maçue
Desus toz cels de la meson,
Conmande c'on voist au bacon
Et apoice-on des charbonées,
Mès qu'eles soient granz et lées,
Si que chascuns en ait assez.
Entruès est Berengiers levez
Par le Rogier conmandement;
Un coutel prist isnelement,
Qui d'acier est bien esmoluz.
Tant a alé qu'il est venuz
Droit au chapel, où li bacons
Estoit penduz sus les bastons;
Berengiers va par tout tastant
Le plus cras à son esciant,
Quar il set bien que el plus cras
Est tout adès li mieudres lars.
Endementiers que il le taste,

Fabl. I

Le prestre saisi par la nache ;
Par leus le trueve mole et dure ;
Si cuide que ce soit presure,
C'on i seut pendre en tel manière.
Avant retaste, et puis arrière,
Tant qu'il encontre les genous ;
Si cuide avoir trové os cors
C'on i ait mis por le sechier ;
Forment se prist à merveillier
De ce qu'il trueve tel harnas.
Sa main a mis de haut en bas ;
S'a encontré le vit au prestre.
Or ne set-il que ce puet estre,
Por ce que il le trueve doille,
Se c'est chauduns, ou c'est andoille
C'on i ait mis por essuer.
Celi voudra, ce dist, coper,
Por ce que c'est uns bons morsiaus.
Li prestres ot que li coutiaus
Li vait si près des genetaires ;
Si ne mist au descendre gaires ;
Seur Berengier chiet à .I. fais,
Les os li a brisiez et frais ;
Près va qu'il n'a percié le col.
Or se tient Berengiers por fol,
Quant il i vint sanz le craisset.
Au retorner arrier se met ;
Au feu en va toz esmanchiez :
« Seignor bouvier, fet-il, aidiez,
Que cil bacons soit rependuz ;

La hars est route ; s'est chéuz ;
Par pou ne m'a le col tout frait
Parmi le col ; ait mal dehait
Li machecliers qui le dut pendre. »
Qui donc véist lumiere prendre
Et alumer par la meson ;
Berengiers les maine au bacon
Por esgarder et por véir
Conment ce fut qu'il pot chéir.
Quant il parvindrent el chapel,
N'i troverent ne .I. ne el ;
Là sus estoient les bacons,
Si com devant, sor les bastons,
Tout .XX. ; n'en ert nès .I. à tire ;
Lors conmencierent tuit à rire.
Li uns dient que Berengier
N'osa le bacon aprochier ;
Li autres dist que bien puet estre
Que il avoit paor du prestre ;
Por ce fu-il si effraez.
« Seignor, fet-il, or est assez ;
Bien puet huimès ce remanoir ;
Mès je di bien, et si di voir,
Que je senti que uns bacons
Chéi sor moi o les jambons ;
Encore i avoit-il presure,
Que je senti et mole et dure ;
Or esgardons que ce puet estre. »
— Je cuit, font-il, que c'est le prestre,
Dont Berengiers senti les piez ;

Por nous estoit là sus muciez ;
Gardons partout que il n'i soit. »
Et Berengiers garde, si voit
Le prestre ester devers .I. huis ;
Mès li obscurtéz et la nuis
Li desfent moult à raviser.
Le prestre prent à portaster,
Et li prestres, quant il entent
Que Berengiers le voit et sent,
Si set très bien que trovez iert ;
Entre col et chapel le fiert
Del poing, qu'il ot gros et quarré,
Si qu'à ses piez l'a enversé :
« Alez, fet-il, dant Berengier,
Avez vous tost vostre loier ;
Destornez-vous, et levez sus ;
Cuites estes et absolus ;
Ne sai doner autres pardons ;
Fetes venir voz compaignons,
Si auront part en ceste offrande.
Fols est qui fol conseil demande ;
Ne vous tieng mie trop à sage,
Quant de fère si fet message.
Aviez seur toz pris le baston ;
Adès vuelent cil viez bordon
Lor talent fère et acomplir.
Fetes voz compaignons venir ;
S'auront de ce bienfet lor pars. »
Qui donques véist de toutes pars
Venir bouviers à grant foison,

Sempres aura male leçon
Li prestres, s'il ne se desfent.
Et Rogiers saut premierement;
Si le saisi par la main destre,
Et li prestres de sa senestre
L'a si feru arriere main
Que tout le fet doloir et vain.
Moult fust en males mains Rogiers,
Ne fust la torbe des bouviers
Qui moult l'angoisse et moult l'apresse;
Des bouviers i avoit tel presse
Que tout emplissent le chapel;
Mès il ont doute du tinel,
Dont il avoit devant servi.
Tel noise mainent et tel cri
Que Alous lor sire s'esveille,
Qui de la noise s'esmerveille;
Tantost conme il la noise entent,
Aperçoit-il tantost et sent
Que c'est li prestres ses amis,
Qui de rechief s'est léenz mis.
Il saut en piez, si trait l'espée,
Si s'en vint droit à la meslée;
Quant parvenuz fu à l'assaut,
Parmi trestoz ses bouviers saut;
S'aert le prestre par derrière,
Et cil le fiert parmi la chière,
Si qu'il l'abat sor .I. bouvier.
Mès que vaudroit à detrier?
De toutes pars chascuns l'assaut,

Et sa desfense poi li vaut.
Retenu l'ont et pris entr'aus;
Par tant si est remez l'assaus.
Alous à ses bouviers demande
S'il l'ocirra, ou il le pande.
Il respondent communement
Qu'il n'en puet fère vengement,
De qoi on doie tant parler,
Come des coilles à coper.
« Coper, fet Alous, mès noier.
Et ne pourquant soit au trenchier,
Quar vous dites parole voire;
Vostre conseil vueil-je bien croire;
Or alez, le rasoir querez
Dont cil prestres sera chastrez;
Fetes isnelement et tost. »
Quant li prestres entent et ot
C'on dit de lui itel parole,
Doucement Aloul aparole.
« Aloul, dist-il, por Dieu merci,
Ne me desfigurez issi;
De pechéor misericorde.
— Jà voir n'en sera fete acorde,
Fet Alous, à nul jor, ne paie. »
Se li prestres dès lors s'esmaie,
De legier le puet-on savoir.
Il ont aporté le rasoir,
Le prestre enversent et abatent;
Moult le laidengent et debatent,
Ainz qu'il le puissent enverser;

.I. taiseron font aporter
Por les jambes miex eslaisier.
« Liquels s'en saura miex aidier
Viegne, si praingne le rasoir.
— Je, sire, fet Berengiers, voir ;
Je li aurai moult tost copées. »
Les braies li ont avalées,
Et Berengiers jus s'agenoille,
Si prent le prestre par la coille.
Jà fust le prestre en mal toeillé,
Quant la dame, le feu toeillé,
Vint acorant à sa baisselle ;
Devant li trueve une grant sele,
Qui moult estoit et fors et granz ;
A ce qu'ele est fors et pesanz,
Fiert Berengier si sor l'eschine
Qu'ele l'enversa et encline ;
Près va que n'a perdu la vie.
Et Hersens prent une hamie ;
Si le fiert si parmi les rains
Que li craissés li est estains,
Et li bouvier tout se departent
Por les granz cops qu'eles departent ;
Chascune tel estor i livre
Que le prestre tout à delivre
Ont mis et jeté du manoir,
Et il s'enfuit, si fet savoir,
Lassez et traveilliez et vains.
Bien ert chéus en males mains,
Quar si cheveil contremont tendent

Et les pesques contreval pendent
De son sorcot et de sa cote;
En gage i a lessié sa bote.
Eschapez est de grand peril;
Moult a esté en grant escil.

Explicit d'Aloul.

XXV

LA SAINERESSE.

Man. F. Fr. 837, fol. 211 v° à 212 v°.

'UN borgois vous acont la vie,
Qui se vanta de grant folie
Que fame n'el poroit bouler.
Sa fame en a oï parler;
Si en parla privéement,
Et en jura un serement
Qu'ele le fera mençongier,
Jà tant ne s'i saura gueter.
.I. jor erent en lor meson
La gentil dame et le preudon;
En un banc sistrent lez à lez;
N'i furent guères demorez,
Ez-vos un pautonier à l'uis
Moult cointe et noble, et sambloit plus
Fame que home la moitié,
Vestu d'un chainsse deslié,
D'une guimple bien safrenée,
Et vint menant moult grant posnée;
Ventouses porte à ventouser,
Et vait le borgois saluer
En mi l'aire de sa meson.

« Diez soit o vous, sire preudon,
Et vous et vostre compaignie.
— Diex vous gart, dist cil, bele amie;
Venez séoir lez moi icy.
— Sire, dist-il, vostre merci,
Je ne sui mie trop lassée.
Dame, vous m'avez ci mandée
Et m'avez ci fete venir;
Or me dites vostre plesir. »
Cele ne fu pas esbahie :
« Vous dites voir, ma douce amie,
Montez là sus en cel solier;
Il m'estuet de vostre mestier.
Ne vous poist, dist-ele au borgois,
Quar nous revendrons demanois;
J'ai goute ès rains moult merveillouse,
Et, por ce que sui si goutouse,
M'estuet-il fere .I. poi sainier. »
Lors monte après le pautonier;
Les huis clostrent de maintenant.
Le pautonier le prent esrant;
En .I. lit l'avoit estendue
Tant que il l'a .III. fois foutue.
Quant il orent assez joué,
Foutu, besié et acolé,
Si se descendent del perrin
Contreval les degrez; en fin
Vindrent esrant en la meson.
Cil ne fut pas fol ni bricon,
Ainz le salua demanois :

« Sire, adieu, dist-il au borgois.
— Diez vous saut, dist-il, bele amie;
Dame, se Diex vous benéie,
Paiez cele fame moult bien;
Ne retenez de son droit rien
De ce que vous sert en manaie.
— Sire, que vous chaut de ma paie,
Dist la borgoise à son seignor?
Je vous oi parler de folor,
Quar nous deus bien en convendra. »
Cil s'en va, plus n'i demora;
La poche aus ventouses a prise.
La borgoise se r'est assise
Lez son seignor bien aboufée.
« Dame, moult estes afouée,
Et si avez trop demoré.
— Sire, merci, por amor Dé,
Jà ai-je esté trop traveillie;
Si ne pooie estre sainie,
Et m'a plus de .C. cops ferue,
Tant que je sui toute molue;
N'onques tant cop n'i sot ferir
C'onques sanc en péust issir;
Par .III. rebinées me prist,
Et à chascune fois m'assist
Sor mes rains deus de ses peçons,
Et me feroit uns cops si lons;
Toute me sui fet martirier,
Et si ne poi onques sainier.
Granz cops me feroit et sovent;

Morte fusse, mon escient,
S'un trop bon oingnement ne fust.
Qui de tel oingnement éust,
Jà ne fust mès de mal grevée.
Et, quant m'ot tant demartelée,
Si m'a après ointes mes plaies
Qui moult par erent granz et laies,
Tant que je fui toute guerie.
Tel oingnement ne haz-je mie,
Et il ne fet pas à haïr,
Et si ne vous en quier mentir;
L'oingnement issoit d'un tuiel,
Et si descendoit d'un forel
D'une pel moult noire et hideuse,
Mais moult par estoit savoreuse. »
Dist li borgois : « Ma bèle amie,
A poi ne fustes mal baillie;
Bon oingnement avez éu. »
Cil ne s'est pas apercéu
De la borde qu'ele conta,
Et cele nule honte n'a
De la lecherie essaucier;
Por tant le veut bien essaier;
Jà n'en fust paié à garant,
Se ne li contast maintenant.
Por ce tieng-je celui à fol
Qui jure son chief et son col
Que fame nel poroit bouler
Et que bien s'en sauroit garder.
Mais il n'est pas en cest païs

Cil qui tant soit de sens espris
Qui mie se péust guetier
Que fame nel puist engingnier,
Quant cele, qui ot mal ès rains,
Boula son seignor presmerains.

Explicit de la Saineresse.

XXVI

D'UNE SEULE FAME

QUI A SON CON SERVOIT .C. CHEVALIERS
DE TOUS POINS.

Man. F. Fr. 25,545, fol. 76 r° à 77 v°.

En ung chastel sor mer estoient
Cent chevalier, qui là manoient,
Pour aus et le païs desfendre,
Par que nus ne les pouïst prendre.
Chascun jor assaut lor livroient
Sarrazin, qui Deu ne créoient.
Par acort furent treves mises
Entre les parties et prises,
Tant que chascun à lonc sejour
Retorna et fist son labour.
Li chastiax estoit biax et gens,
Mais assis estoit loing de gens ;
Deux fames entr'ax touz avoient,
Qui por aus buer les servoient;
Assez estoient de bel atour.
Qui plus plus, qui miex, à son tour,
D'eles faisient lor volenté
Chascuns, et à cele plenté,
Et sà et là, ce est la somme,
Com fame puet miex servir home.

Ainsis furent par moult lonc tems,
Tant qu'entre aus orent .I. contens
Por les fames, ce m'èt avis;
Car chascuns d'aus à son devis
Les vouloit avoir à son tour,
Sans faire as autres nul retour.
  Quant les fames sorent la noise,
N'y a cele ne s'en envoise,
Car chascune en cuide bien faire
Son preu par li, et touz atraire;
Chascune en ot au cuer grant joie,
D'ame furent com rat en moie.
Li plus sages se porpencerent,
Et ainsi le contens osterent,
Que chascune d'eles par rente
Serviroit Chevaliers cinquente,
Ne nus ne pourroit par justice
Faire à l'autre préjudice;
Einsis cil et celes ansamble
.S'acordèrent, si com moi semble.
Einsis furent bien longuement,
Tant qu'il avint, ne sai coment,
Que les treves furent rompues
Et les guerres sont revenues,
Et li assaus est revenus
Des Sarrazins et fort tenus,
Et li Chevalier dou chastel
S'adoubèrent et bien et bel,
Qui grant talent avient d'abatre
Les mescréans par bien combatre.

Yssus sont fors à ost bennie
Toute la noble compeingnie,
Mais que .II. Chevalier, qui jurent
Au lit por ce que blecié furent.
Li uns avoit le col plaissié,
Et li autres le bras brisié ;
Esté avoient au tournoi
Où pris avoient ce bonoi.
Cilz au bras bien se contenoit ;
L'autres point ne se soustenoit,
Car dou mal l'esconvint mourir,
Et de cest siecle defenir.
Es-vous le grant assaut repris
Contre nos Chevaliers de pris ;
Moult fu fors li abatéis
Des mescrens, et li feréis ;
Bien estoient .XV. millier,
Sarrasin, Persans et Escler.
Ainsis avint, que Dex le vot,
C'unne cité près d'anqi ot,
Où avoit Crestiens en treuage
Des Sarrasins et en servage,
Qu'oïrent dire la novèle
Que des Chrestïens la rouèle
Aloit à grant perdicion,
Se d'ax n'avient subvencion.
Il s'arment et aidier lor vont ;
Les Sarrasins desconfit ont ;
Tant chaplèrent et tant ferirent
Que les Sarrasins desconfirent ;

Chascuns en fu manans et riches,
Se il ne fu trop fox ou nices.
En la cité alèrent prendre
L'avoir, et les Sarrasins pendre,
Et près d'uit jors i sejornerent
Pour ce que moult travillié ierent.
 De ciax-ci illuec vous lairai;
Dou Chevalier blecié dirai
Qu'avoit héu le bras brisié;
Forment l'en a au cuer pesé
Qu'il n'a esté en la bataille
Avecques les autres sens faille,
Car dou chastel vit vraiement
La fin et l'encommencement.
L'autre fame, non pas la soe,
S'en vint vers li, faisant la roe,
Et bien savoit de sa compeingne
Qu'ele estoit en autre besoingne;
En decevant l'araisonna,
Et soutilment l'ocoisonna,
Com cele qu'ot mis s'estudie
Por qu'il féist de li s'ammie.
Tant fist cele, tant l'asproia
Que li Chevaliers la proia,
Et as mains la traist sor son lit
Et en vot faire son delit.
Cele li cort à la poistrine
Et sa face li esgratine,
Et li dist : « Chevalliers fallis,
Jà de moi n'arez vo delis,

Tant com vive la vostre amie.
En vos n'a loiautéz demie ;
Vos ne devez, bien dire l'ose,
Moi requerir de tele chose ;
Vos i avez vo sairement. »
Et cilz li respondit briément,
Qui fu souprins de ses paroles
Decevens, attraians et moles :
« Ou mourir t'esteut maintenant,
Ou faire mon commendement.
— Miex ain mourir, se morir doi,
Que por vos face tel desroi
Contre ceax à cui suiz donée,
Qui m'ont de lor amor douée ;
Jà non ferai, coment qu'il praingne ;
Vos le diriez à ma compaingne. »
Ainsis au Chevalier argue,
Dont la prent, et en lit la rue,
Et en vot faire son plaisir.
« De ce vos povez bien taisir,
Que jà à ce ne me menrois,
Que vo talent de moi façois,
Fait cele, se n'est en tel guise
Que ma compeingne soit occise,
Qu'en li n'a point de loiauté,
Ne je ne pris riens sa bonté. »
Tant l'a cele forment despite
Par les paroles qu'el a dite
Que li Chevaliers li otroie :
« Or faites dont que je le voie. »

Li Chevaliers va cele querre;
Des quarniax la rue à terre,
Et cele chiet morte pasmée,
Come cele qui fu acourée.
　　Landemain si compaignon vindrent,
Et lor parlement à li tindrent,
Où lor soingnans alée estoit.
Cil lor respont qu'il ne savoit.
Tant la quistrent et tant alèrent
Qu'an fossez morte la trovèrent,
Dont li demandent l'occoison
Por coi morut, par tel raison.
Li Chevaliers conté lor a
Coment la fame l'argua,
A faire einsis l'occision;
Le fait et la narracion
Lor a conté, ce est la somme.
Li Chevalier furent prodome;
Lor compaignon pas ne tuerent.
Adonc la fame entr'ax hucherent
Pour qu'avoit fait tel murtre faire
Et sa compeingne einsis desfaire.
Cele respont : « Jel vos dirai,
Que jà d'un mot n'en mentirai.
Dou deul de ma compeingne avoie,
Pour ce c'on li faisoit plus joie
Qu'à moi, si com il me sembloit,
Et de vos miex amée estoit.
Pour soupeçon de jalousie,
Par hayne traicte d'envie,

Pour ce la haïoie si forment,
Qu'il ne me chaut de quel torment
Desormais morir me faciez.
Mais, se respitier me voliez,
Ce que nous .II. fere souliens
Feroie; jà n'en faudroit riens. »
Li Chevalier l'ont respitie
Que ne fu pas à mort jugie.
Molt se pena d'aux bien servir,
Par que lor gré puit desservir.
Tant fist qu'aussi bien les servoit
Com lors quant deuz en y avoit,
Ne ne se vont aparcevant
De desfaut nul ne que devant.
Einsis fust par ceste aventure
Délivrée de mort obscure;
Des Chevaliers fu si privée
Que ses services lor agrée;
Onc ne recrut de lor amor,
Ne tost, ne tart, ne nuit ne jor,
Ains lor livroit assez estor,
Car chascuns l'avoit à son tor.

XXVII

DU PREUDOME

QUI RESCOLT SON COMPERE DE NOIER.

Man. F. F. 19,152, fol. 35 v°.

Il avint à .I. pescheor,
Qui en la mer aloit .I. jor,
En un batel tendi sa roi.
Garda, si vit très devant soi
.I. home molt près de noier.
Cil fu moult preuz et molt legier,
Sus ses piez salt, un croq a pris,
Liève, si fiert celui el vis
Que parmi l'ueil li a fichié ;
El batel l'a à soi saichié.
Arriers s'en vait, sanz plus attendre ;
Totes ses roiz laissa à tendre ;
A son ostel l'en fist porter,
Molt bien servir et honorer,
Tant que il fust toz respassez.
  A lonc tens s'est cil propenssez
Que il avoit son oill perdu
Et mal li estoit avenu :
« Cist vilains m'a mon ueil crevé,
Et ge ne l'ai de riens grevé ;

Ge m'en irai clamer de lui
Por faire lui mal et enui. »
Torne, si se claime au Major,
Et cil lor met terme à .I. jor.
Endui atendirent le jor,
Tant que il vinrent à la Cort.
Cil, qui son hueil avoit perdu,
Conta avant, que raison fu :
« Seignor, fait-il, ge sui plaintis
De cest preudome, qui, tierz dis,
Me féri d'un croq par ostrage ;
L'ueil me creva ; c'en ai domaige ;
Droit m'en faites ; plus ne demant ;
Ne sai-ge que contasse avant. »
Cil lor respont sans plus atendre :
« Seignor, ce ne puis-ge deffendre
Que ne li aie crevé l'ueil ;
Mais en après mostrer vos vueil
Coment ce fu, se ge ai tort.
Cist hom fu en peril de mort
En la mer, où devoit noier ;
Ge li aidai ; nel quier noier,
D'un croq le féri, qui ert mien,
Mais tot ce fis-ge por son bien ;
Ilueques li sauvai la vie.
Avant ne sai que ge vos die ;
Droit me faites, por amor Dé.
C'il s'esturent tuit esgaré
Ensamble pour jugier le droit,
Qant un Sot, qu'à la Cort avoit,

Lor a dit : « Qu'alez-vos doutant?
Cil preudons, qui conta avant,
Soit arrieres en la mer mis,
La où cil le féri el vis;
Que, se il s'en puet eschaper,
Cil li doit oeil amender;
C'est droiz jugemenz, ce me sanble. »
Lors s'escrient trestuit ensanble;
« Molt as bien dit; jà n'iert deffait. »
Cil jugemenz lors fu retrait;
Quant cil oï que il seroit
En la mer mis où il estoit,
Où ot soffert le froit et l'onde,
Il n'i entrast por tot le monde;
Le preudome a quite clamé,
Et si fu de plusors blasmé.

Por ce vos di, tot en apert,
Que son tens pert qui felon sert.
Raembez de forches larron,
Quant il a fait sa mesprison,
Jamès jor ne vous amera,
Ains à tousjours vous haïra;
Jà mauvais hom ne saura gré
A mauvais, si li fait bonté;
Tot oublie, riens ne l'en est,
Ençois seroit volentiers prest
De faire li mal et anui,
S'il venoit au desus de lui.

XXVIII

DU FOTEOR.

Man. F. Fr. 19,152, fol. 48 r° à 49 v°.

Qui fabloier velt si fabloie,
   Mais que son dit n'en affebloie
   Por dire chose desresnable ;
   L'en puet si bel dire une fable
Qu'ele puet ainsi com voir plaire.
   D'un vallet vous vuel conte faire,
Qui n'avoit mie grant avoir ;
Mais il n'ert mie sanz savoir.
Ne porquant bien vestuz estoit ;
Cote et mantel d'un drap avoit,
Et nueve espée et uns nués ganz.
Beax vallez ert et avenanz ;
Entor .XXVI. ans avoit.
Nus mestier faire ne savoit ;
De vile en vile aloit toz jors,
Par chevaliers, par vavassors ;
Si mengoit en autruiz ostex,
Quar petiz estoit ses chastex.

.I. jor vint à une cité ;
Ge en ai le non oublié,
Or soit ainsinc com à Soissons.
Pains et vins et char et poissons
Menja la nuit à grant plenté ;
Ses ostes à sa volenté
Li fist venir de quanqu'il volt,
Et il li dit tot à brief mot :
« Béax dolz ostes, cest m'escot
Paiera tex qui n'en set mot.
Or me dites, foi que devez
La riens que vos plus chier amez,
Et que Diex joie vos ameint,
Où la plus bele dame meint
De Soissons, la plus bele voire.
— Par foi, si c'on nos fait acroire
Moi et toz çax de ceste vile,
Madame Marge qui ne file,
La feme Guion de la place,
C'est la plus bele que g'i saiche ;
Néis ses mariz le tesmoigne
Qu'el n'aime mie un' escaloigne
Mains li que lui, mais plus encor.
Por qoi le demandez-vos or ?
— Beax hostes, foi que me devez,
Puis que conjuré m'en avez,
Or escoutez. Menestrex sui ;
Si sui et à li et à lui
Envoiez de par .I. haut home ;
Or vos en ai dite la some.

— Beax ostes, c'est uns marchéanz
Molt larges et molt dependanz,
Et sa feme riens ne l'en doit;
Beau vos sera s'ele vos voit.
— Voir, oïl voir, molt très matin
Li dirai-ge en mon latin,
Se ge puis, mon messaige bien. »
Emprès ce ne distrent puis rien,
Ainz s'en alerent luès gesir;
Mais cil, qui estoit en desir
De la bele dame véoir,
Ne pot onques avoir pooir
De dormir jusqu'à l'ainz jornée,
Et, luès que l'aube fu crevée,
Leva sus, si s'apareilla
Et, enprès, son oste esveilla ;
Si li pria qu'il retenist
S'espée très qu'il revenist,
En gaiges por l'escot du soir;
Et il li dist : « Volentiers voir,
Beax ostes, alez de par Dieu ;
Diex vos doint venir en tel leu
Où auques puïssoiz gaagnier.
Laissiez vos ençois enseignier
L'ostel, où vos aler devez,
Que vos de ci mais remuez. »
Lors s'en va-t'il à molt grant joie,
Quant monstrée li fu la voie.
A l'ostel molt droit assena,
Si com la voie le mena,

Mais n'ert encore nus levez.
D'autre part la voie ert alez;
Droit endroit l'us, sor .I. estal
Se sist, mais ce li fist molt mal
Que si longuement vit clos l'uis,
Quar il i sist grant piece puis
Ainz que levast la chamberiere,
Qui n'estoit mie costumiere
D'espier çax com jor le jor,
Mais por ce ot plus grant laisor
Que ses sires n'iert en la vile.

Quanque cil porpenssoit la guile
Comment il porroit esploitier
De soi à la dame acointier,
La baissele esveillie fu;
Son huis ovri, si fist du fu;
Si vait son ostel arréer,
Tant qu'ele prist à regarder
Celui qui devant l'us séoit,
Qui en ses .II. mains tornoioit
.I. blans ganz que il enformoit,
Et toz jors vers l'us regardoit;
Durement s'en esmerveilla.
Atant la dame s'esveilla,
Tant que fors de la chambre oissi;
Si vit le vallet en droit li;
Très parmi l'us le vit séoir;
Durement li plot à véoir
Qu'il avoit les crains beax et blons,
A merveille les avoit lons.

Janbe sor autre iluec séoit;
Mielz li plaist come plus le voit;
En son cuer à enmer le prist,
Sa baissele apele et li dist :
« Maroie, quar me di or, voir,
Que cil est que là voi séoir?
— Dame, foi que doi vos, ne sai;
Dès hui matin que m'esveillai
Le vi-ge iluèques assis;
Ne sai por qoi tant i a sis;
Ge cuit que c'est .I. barestière.
— Maroie, par l'ame ton père,
Va; si li va tant demandant
Que tu saiches qu'il va querant
Et por qoi iluec a tant sis. »
Son cul a par l'oreille pris
Maroie devant et derrière;
Si a passèe la charrière.
 Si com sa Dame li commande,
Au vallet vient; si li demande :
« Quex hom estes vos, beax amis,
Qui tote jor avez ci sis?
— Ge sui fouterres, bele suer.
Que bone joie aïez au cuer
Et bone joie vous doint Diex!
— Beax sire, vos et vostre giex
Fussiez ore en une longaigne.
Molt me torne à grant engaigne
Que vos issi m'avez gabée. »
Par mal talent s'en est tornée;

S'a trespassée la charrière ;
A sa Dame revint arrière.
La Dame la vit, si s'en rist :
— Maroie, fait ele, que dist
Li valléz, qui tant a là sis?
— Dame, ne me chalt de ses dis;
Jà est .I. gloz, .I. mal lechière.
— Ne t'a mie fait bele chière,
Quant si t'en revienz esmarie :
Que dist-il? Nel' me cele mie.
— Jà me dit qu'il est .I. fouterre.
— Dit il ce, par l'âme ton père?
— Oïl, Dame, foi que vos doi.
— Tu me gabes, ge cuit, par foi.
— Non faz, Dame, foi que doi vos.
— Maroie, alom i anbedox.
— Dame, alez i trestote soule ;
Il n'i a mie trop grand foule ;
Ge n'ai cure de ses paroles,
Trop sont anuieuses et foles.
— Maroie, ge i vois savoir.
— En non Dieu, vos faites savoir ;
Jà en revenrez tote saige. »
Cele, qui ot le cuer volaige,
S'en va tot riant cele part,
Et cil ne fist pas le coart,
Ainz se leva contre la Dame,
Et cele qui, com joene feme,
Ne se pooit tenir de rire,
Quant el i vint, ne sot que dire,

Si que tote s'envergoigna;
A chief de pose si parla :
« Quex hom estes? » Et il li dist :
« Dame, donc ne le vos aprist
La pucele qui ci fu ore?
Volez que ge le die encore?
Ge sui fouterres à loier;
Se me volioiz à loer,
Ge cuit si bien vos serviroie
Que vostre bon gré en auroie.
— Alez, sire, honiz soiez;
Bons estes, se vos ne piriez,
Qui la gent servez de tel guile.
— Dame, foi que je doi saint Gille,
Ge ai éu maint bel servise
De servir dames en tel guise,
Voire d'aucune sanz henor.
— Et, ne por quant, ce ert à jor
Ou en tasche que vous ovrez?
Se vos ma pucele servez,
.IIII. deniers de sa gaaigne
Vos donra, se ele vos daigne;
Tant aurez-vos por lui servir,
Se vos les volez deservir.
— Dame, de la vostre besoigne
Penssez, ainz que de ci m'esloingne,
Quar ne vueil mais ci plus ester. »
Lors s'en va, sanz plus arrester,
Et la Dame le rehuscha :
« Mar i alez, çà venez, çà;

Dites, foi que devez henor,
Combien en vos done le jor.
— Dame, [tout] contre ce qu'ele est,
Me puet tote jor trover prest.
La laide me done sols .C.
Par ce que ele l'aise sent,
Et la bele me done mains.
— Par foi, vos n'estes pas vileins;
Et combien penroiz-vos de moi?
— Dame, fait-il, foi que vos doi,
Se ge ai .XX. sols et mon baing,
Et ge ai mon conroi de gaaing,
Gel voldrai molt bien deservir,
Quar ge sai bien et bel servir
Une dame, quant g'i met paine. »
Atant la dame o lui l'enmaine,
Que plus lonc conte ne volt faire.
Sa bajasse en ot grant contraire,
Quant o celui la voit venir,
Tant dit, ne se pot à tenir;
« Diex aïue, or avomes hoste :
Dahèz ait-il s'il ne vos oste
Encui le mentel de cel col;
Par foi, ge le tenrai por fol
S'il n'i gaaigne son escot.
— Tais toi; si ne sone mais mot,
Fait la dame; ge te ferroie
Si que sanglante te feroie;
Mais porchace, foi que doiz moi,
Que nos aions .I. bon conroi

Et que li bains soit eschauffez.
— Baig, fait-ele; por les mausfez
Puis-ge mais hui baing eschauffer.
— Dame, ne fust por moi lasser
Et por ce qu'il vos anuiast,
Ceste pucele me loast;
Issi vers lui me deduiroie
Que debonnaire la feroie,
Si la me laississez servir.
— Comment porrïez deservir
Dont envers moi vostre loier?
— Dame, bien volez emploier
Vostre avoir en marchéandise,
Fait la garce; par seint Denise,
S'il me servoit à mon talent,
Avoir porroit de mon argent
Et du mien tost une grant part.
— Non fera, fole, Diex l'en gart.
— Si fera, s'il vos plait, ma dame;
Jà n'i aura perte de l'ame;
Ge sai le mestier par usaige;
Il n'a el mont oisel volaige,
Moineax ne colons, qui tant œuvre
Com ge faz, quant je sui en l'uevre.
— Sire, que vos done ma dame? »
Fait se il : « Bele, par saint Jame,
.XX. sols de bons deniers me done,
Baing et conroi com à preudome.
— Et vos combien de moi prendrez?
— Par foi, grant solaz atendrez

Hui cest jor de moi por dix livres.
— Qu'avez-vos dit? Estes-vos yvres,
Qui dix livres me demandez?
Dites mains, se vos commandes.
— .VI. livres soient. — Mais .III., sire;
Je n'oseroie de mains dire.
— .C. sols dorrez, fait-il, au meins.
— Tendez donc çà, sire, vos mains;
Si sera la paumée faite,
Quar li marchiez molt bien me haite;
L'argent aurez jà en baillie. »
A son escrin en est saillie
Où li .C. sols nombrez gisoient,
Qui dès antan mis i estoient,
Que de pieça aünez ot.
Et sa dame s'enmerveillot
Quant fors de son escrin voit traire;
Plus en ot joie que contraire,
Por ce que l'avoit ramposnée.
Par deus foiz l'a cil retornée
Molt tost et molt isnelement,
Et cele puis molt liéement
Fist ce qu'an l'ostel ot affaire;
Molt fu puis lie et debonnaire;
Le baig chaufa; le mengier fist;
Quant le baig fu fait, si le mist
En une cuve enz en la chambre.
Et cil, à qui de rien ne manbre
Fors de son preu et de son aise,
De quanqu'il onques puet s'aaise;

Si entre el baig, la dame o lui.
Assez mengerent ambedui
Et burent bon vin à plenté;
La dame ot bien sa volenté
De tot fors del deerrain mès,
Et cil, qui du mestier ert frès,
Ne se volt à lui affroier
De si qu'il ot tot son loier,
.XX. sols toz contez en sa main.
Et, quant cil en ot fet son plain,
De la cuve sailli luès fors;
A .I. drap essuie son cors;
O la dame couche en un lit.
Molt plainement fist son delit
De la dame une foiz sans plus;
Tantost se vesti, sailli sus;
Cil s'en entre el baing de rechief,
Mais, qui qu'en soit ou bel ou grief,
Atant ez-vos l'oste venu;
Lors croi que mal soit avenu.

Marion, luès que ele l'oit,
En la chambre s'en va tot droit;
A sa dame vient, si li dist.
La dame l'ot, pas ne s'en rist,
Ainz vient au bai[n]g au bacheler :
« Or tost, dit-ele, du haster,
Me sire vient, reponez-vos.
— Ce est donc autre que li cox.
— C'est mes mariz. — Donc vait-il bien.
— Mais mal, fait-ele, por nule rien,

Que por riens que el mont éust
Ne voldroie qu'il vos éust
Trouvé, mais issiez molt tost fors.
— Dame, foi que ge doi mon cors,
Ge n'en istrai, ore ne ore,
Ainz me vueil ci deduire encore ;
Mais recouchiez en vostre lit ;
S'alons faire nostre délit.
— A mal éur que dites-vos?
Vez ci jà mon seignor sor nos. »
Atant li sire en la chambre entre,
Et la dame, qui tuit li membre
Tranblent de hide et de paor,
Ne dit un mot à son seignor,
Ainz est fors de la chambre issue.
Et cil du bai[n]g ne se remue,
Mais qu'il dist : « Bien viegnoiz, bel oste. »
Cil ne dit mot, qui sa cape oste.
  Quant le vit, si fu si pensis ;
Si dist : « Qui estes vos, amis,
Qui en ma chambre vos baigniez?
— Mais vos, qui ci ne me daigniez
Respondre quant ge vos salu,
Quar ge sui cil qui a valu
Plus as gentix dames du mont
Que tuit cil qui el siecle sont ;
Quar ge sui un fouterres maistre ;
Jamais si bon ne pourra naistre.
.XX. sols doi ci gaaignier hui,
Bien les i aurai sax encui

La dame qui m'a aloé,
Quar bien la cuit servir à gré;
Mais n'ai encor à lui géu,
N'encore mon loier éu.
Mais or est tens de commencier;
Molt tost la me faites coschier;
Si irai faire mon revel.
— Amis, ge vos dirai tot el.
Dès qu'ainsi est que loez fustes,
Ne vos avuecques li géustes,
Por ce perdre ne devez rien;
Por lui vos paierai-ge bien. »
Lors est cil fors du baig issuz;
Autre .XX. sols a recéuz.
Or enport cil double loier;
N'a cure de li convoier
La dame, quant cil s'en ala;
Cil à Dieu commandez les a;
Cil, qui .VII. livres enporta,
Son oste molt reconforta
Quant il li monstra li deniers.
Toz dis fu-il toz costumiers
De servir dames en tel guise,
Puis en reçust maint bel servise.
De povreté vint à richece,
Et puis avint, por sa proece,
Qu'il quist de lui garir engien,
Nequedent il i chaï bien;
Mais tel .C. meller s'en péusent,
Qui en la fin honiz en fussent;

Mais Fortune, à qui il servi,
L'en dona ce qu'il deservi.
L'en dit pieça : Qui va, il lesche,
Et qui toz jors se siet, il sèche.

Explicit du Foutéor.

XXIX

C'EST DE LA DAME

QUI AVEINE DEMANDOIT POUR MOREL SA PROVENDE AVOIR.

Man. Fol. Fr. 25,545, fol. 70 r⁰ à 73 r⁰.

IL avint, assez près de Rains,
D'une dame à vuoutiés rains
Qu'anmoit de si très grant randon
Car cuer et cors en habandon
Avoit mis en très bien amer
En un vallet fort et legier,
Bel et gent, et mignot et cointe;
Forment avoit chier son acointe;
Et le vallés si fort l'amoit
C'à chose autre riens ne pançoit,
Et, quant venoit c'ansamble estoient,
A merveille se conjoioient;
N'est nus qui dire le séust,
Ne que raconter le péust,
Com si dui amant sont engrès
De veoir l'un l'autre tout adès.
Que vous iroie-je contant,
Ne les paroles alongant?
Tant firent et tant esploicterent

Si dui amant qu'il s'espouserent
A grant joie et à grant deduit,
Sens encumbrier et senz anuit.
Donc fu li tens à lor devise;
Car chascuns par grant covoitise
Ama son per tant com il dut
Loialment, et bien i parut,
Car lor voloirs estoit tout un
Et lors estas estoit conmun ;
Tristans, tant com fu en cest monde,
N'anma autant Ysoue la blonde
Cum si .II. amans s'entr'emmerent
Et foy et honnor se porterent.
Moult bel menoient lor deduit
Privéement et jor et nuit,
Et, quant venoit à cel solas
Qu'i se tenoient, bras à bras,
Où lit où estoient couchié
Et l'un près de l'autre aprouchié,
Adonc menoient lor revel
Entr'aus et tant bien et tant bel,
Par amistiez et par delit,
Jà ne queissent issir du lit ;
Car cele, selonc sa nature,
Si amoit moult l'envoiséure,
Et le solas et le deduit
Qu'ele en avoit chascune nuit,
Et pour ce moult miex l'en servoit.
Et cils por s'amor s'esforçoit,
Car, de quel part que il venoit,

Adens enverse le couchoit ;
Sens respit querre et sens essoingne,
Faisoit adès cele besoingne,
Ou fust en lit ou fust à terre,
Tout sens autre alloingne querre.
　Lonc tens menèrent ceste vie
Ensamble par grant druerie,
Et, ce vos di pour vérité
Come moult grande privauté
Orent entr'aus .II. establie,
Si vos dirai la mencolie
Que cilz ot aprinse sa mie :
« Par amistié, par druerie,
Seur, dit-il, je te veuil aprendre,
Et tu i dois moult bien entendre,
Car par l'amor grant qu'à toi ai,
Tout mon covine te dirai.
Quant je te voi aucun meschief
Avoir, en membre ou en chief,
Saches je n'ose à toi gesir,
Pour accomplir nostre desir,
Car je trop correciez seroie
Se mal ou anui te faisoie ;
Si te dirai que tu feras
Toutes fois qu'avec moi seras,
Soit en lit ou en autre place,
Et tu vourras que je te face
Se jolif mestier amouroux :
Se me diras : « Biax frères doux,
« Faites Moriax ait de l'avainne, »

Et tu soies de ce certainne
Que je l'en donrai volentiers
Selonc ce qu'il sera mestiers
Et je pourrai et tu vourras,
Car jà à ce tu ne faurras. »
　Cele li respont com cortoise :
« Biax freres douz, de ce t'aquoise,
Jà por cel ne te hucherai,
Ne là por ce ne te dirai
Que Moriax vuille avainne n'orge;
Miex aim c'on me couppast la gorge
Que je tel outrage féisse
Ne qu'ainsis huchier apréisse. »
　Cilz li respondit erramment :
« Si feras, car jel te comment,
Car c'est tout un entre nous deuz,
Car je vuil tout ce que tu veuz;
Donc ce que vueil tu dois voloir,
Sens toi en nul endroit doloir. »
　Cele li a respondu tost
Et se li dist : « Tu ies tous sos,
Qui veus que die tel outrage;
N'afiert à fame qui soit sage. »
Et sachiez, que qu'ele déist,
Que moult volentiers le féist;
Jà pour danmage nel' laissast,
Ne pour honte, que ne huchast
A Morel avainne donner;
Miex s'amast à ce abandonner
Qu'ele sa provande perdist.

Mais savez por qu'ele le fist?
Pour miex enlachier son mari
Et faire son voloir de li
Car fame, selonc sa nature,
La riens, que miex ara en cure
Et tout ce que miex li plaira,
Dou contraire samblant fera.
Et li maris qui moult l'ama,
Cum cilz qui simple la cuida,
Li commanda diligemment
Que féist son commandement
Et que demandast de l'avainne
Por Morel chascune semainne,
Et chascun jor, à chascune houre,
Qu'il l'i plairoit et sens demoure.
   Cele, qu'ot bone volenté,
Respont, par grant humilité,
Que moult bien l'en demanderoit,
Quant verroit lieus et poins seroit.
Cilz se coucha et si se just
C'onque la nuit ne se remust,
Ne landemain trestot le jor;
A la Dame anuie le sejor.
Ainsis le fit .II. nuis aprés
Et les .II. jors trestout adés,
Et la Dame, qui ot apris
Sa rante avoir com li fu vis,
Sachiez en fu moult correcie,
Et dist que ne s'oublira mie,
A l'autre nuit, à bonne estrainne,

Penre por Morel de l'avainne.

　Si tost com il furent couchié,
Cele a son mari aprouchié,
En aplainnant, en acolent,
En faire tout à son talent,
Puis taste deçà et delà ;
Moult souefment araisnié l'a ;
« Frere, miex me souliez amer,
Et Dame et amie clamer ;
Mais or croi l'amor est fenie
Et sans raison tost departie ;
Por une autre m'avez guerpie,
Où vous avez vo druerie.
— Non ai, par ma foi, bele seur ;
Je n'ai aillors qu'an vous mon cuer ;
Vos iestes m'ammie et m'ammors,
Et mes solas et mes secors. »
Cils monta sus por solacier,
Que plus ne l'osa correcier,
Car il moult très bien s'aperçoit
Que Moriax aveinne voloit.
Une fois li a fait cele œuvre.
Et cele a bien chier c'on requeuvre,
Qu'à pièce n'en seroit lassée,
Li a dist par grant remposnée :
« Sire, l'autre jour me disiez
Qu'à Morel aveinne donriez
Toutes fois qu'an auroit besoing ;
Or en aiez dou donner soing
Orendroit, sire, si vous plaist. »

Cilz monte sus, sens plus de plait,
Et donne à Morel de l'avainne,
De la millor, de la plus sainne;
Ainsis le fist tout demanois,
Et cele hucha l'autre fois,
Et cilz tout adès li dona
L'avainne qu'ele demanda.

 Quant vint après à l'autre nuit,
Cilz s'endormi jusqu'à miennuit;
Et cele qui ne dormoit pas
Ne tint pas ceste affaire à gas,
Ainsois bouta son mari tant,
Et dist c'on li tenist convant.
Cilz s'aparoille et monte sus
Qu'amont, qu'aval, que sus que jus;
Ainsis fist à pou de sejour
Dès le couchier jusques au jour.
Tant fu cele bone maistresce
De ramentevoir sa promesce
Qu'ele ot tost la honte béue
Qu'ele avoit à premiers héue.
Despuis cele houre, baudement,
Sa promesce ala demandant,
Com cele qui ne s'en vot faindre;
Moult gentement se set complaindre
Vers son mari et soupploier,
Et doucement aplainnoier
Par coi Moriax sa provende ait.

 Et cilz qui ne veut point de plait,
Li baille selonc ce qu'il peut,

Et s'esforce plus qu'il ne seut;
Et cele n'est point esbahie
De dire : « Ne m'obliez mie. »
Et en mangeant et en bevant,
Li va tout adès requerant
Que doint sa provande à Morel;
Dou tarder ne li est point bel.
Et cilz l'en donne se qu'il peut,
Mais mains assés que il ne seut,
Car ou mont n'a grenier si grant
Que Moriax ne meist à noiant.
Appetisiez est li greniers,
Dont Moriax a esté rantiers;
Et cils, qui la clef emportoit,
S'aparçoit bien que vuis estoit;
Se ne set coment desamordre
La rien à c'on le veut ramordre,
Car fort chose est d'acoustumance.
Or est cil dou tout en balance,
Mais ne s'esmaie point le jour,
Car il s'en va en son labour;
Mais, quant se vient à l'anuitier
Et on le haste de couchier,
Avant qu'il se puist endormir,
En veut cele avoir son plaisir;
Moult demande à bonne estrainne;
« Moriax veut avoir de l'avainne. »
Cilz l'en donne à quelque meschief,
Mais bien set pou en i eschiet
Selonc sa premiere coustume;

Le feu qui tout adès alume
Ne peut estaindre, n'i vaut rien;
Or est chéus en mal lien
De sa femme qui l'en despite
Pour la provande, qu'est petite
Et donnée en rechinnant;
N'est pas tele comme devant,
Car cil ne set tant efforcier
Que jà por ce l'oit-on plus chier;
Molt li va or de mal en pis;
De sa fame est au dessous mis.
  Que vous feroie plus lonc conte,
Vous qui savez à ce que monte?
Ne ferai plus longue demoure,
Oiez qu'en avint à une houre.
Cilz fu trop laches et suciéz,
Frailles, vuis et touz espichiez,
Et toute la mole des os
Li fu issue de son cors,
Qui n'ot ne force ne vertus;
Cil mestier faire ne pot plus.
Cele c'est bien aparcéue
Que sa force est bien déchéue;
Adonc se mist en moult grant painne,
Que sa force tost li revaingne;
Ne le volt de rien mesaisier;
Moult le comença aaisier,
Et moult doucement l'aséure;
Moult a en lui mise sa cure
Por qu'il reviengne en sa vertu,

Por recouvrer le tens perdu.
Et, quant il ot esté baingniez
Delèz sa fame, et puis sainniez,
Si tost com il fu en bon point,
La Dame resgarda son point,
Demanda li coment li est :
« Vostre merci, dist-il, bien m'est ;
Je suis tous prox et fors et sains ;
Si sui garis dou mal des rains ; »
Et cele c'est moult esjoïe
De la nouvele qu'ot oïe ;
Car, si tost comme couchié furent
En lor lit et ensamble jurent,
Se li print à ramentevoir
A faire vers li son devoir,
Et li dist bien à longue alainne :
« Moriax veut avoir de l'avainne. »
 Cilz s'efforça, por pais avoir,
Et fist aucques à son voloir ;
A cele nuit bien convant tint,
Tant qu'à une autre nuit revint
Que cele moult le tisonna
Et durement le tagonna,
Et puis par bel sen li demande
Por avoir Morel sa provande.
Cilz vit qu'à ce panroit la mort,
S'il n'en pernoit aucun confort,
Car il estoit tous espichiez
Par son effort, et tous suciez ;
A male fin l'esteut venir ;

S'il veut ainsis ce maintenir,
Bien sot qu'il ne porroit durer
Ne ceste painne endurer.
Pourpensa soi que il feroit,
Et comment il s'en cheviroit,
Et comment se delivreroit
De tout ce qu'ele requeroit.
  Or escoutez comment le fist;
D'estre mal haitiez samblant fist;
Son cul torna en son giron,
Et li chia tout environ
Que bran, que merde, qu'autre choze,
Et se li dist à la parclose :
  « Seur, dès or mais te tien au bran,
Et ainsis com tu veus s'en pran;
Bien saches l'aveinne est fallie;
Fait t'en ai trop grant departie;
A noiant est mais li greniers
Dont Moriax a esté rantiers;
Dès or au bran t'esteut tenir,
Car l'avainne as faite fenir.
Quant les haus jors venir verras,
D'aveinne ta provande aras;
Dou bran auras les autres jors;
De moi n'auras autre secors;
Desormais au bran te tenras,
Car de l'avaine point n'aras. »
  Quant cele l'oit, n'en doutez mie
Que moult forment fu esbahie,
Si que ne pot nul mot respondre,

Ne que se vot dire espondre ;
Mais ains puis pour Morel provande
Ne quist, ne petite ne grande ;
Forment se sentit decéue
Por la laidure qu'ot éue ;
En grez prinst ce que pot avoir ;
Ne fist pas force à l'autre avoir,
Et cilz la servi ce qu'il pot,
Et toutes fois que il li plot,
Je ne di pas au gré de li,
Mais au voloir de son mari.
   A vous di, qu'iestes mariez ;
Par cest conte vous chastiez ;
Faites à mesure et à point,
Quant verrez lieu et tens et point.

Explicit de Morel, qui ot bren en leu d'aveinne.

TABLE DES FABLIAUX

CONTENUS DANS CE VOLUME.

	Pages.
Avertissement	1
Fabliau I. Des Deux Bordéors ribauz.	1
— II. Des Trois Boçus (par Durand) . .	13
— III. Du Vair Palefroi (par Huon Le Roy).	24
— IV. Des Trois Avugles de Compiengne (par Cortebarbe).	70
— V. La Houce Partie (par Bernard) . .	82
— VI. De Sire Hain et de Dame Anieuse (par Hugues Piaucele)	97
— VII. Du Provost à l'aumuche. . . .	112
— VIII. De la Borgoise d'Orliens. . . .	117
— IX. Le Cuvier.	126
— X. De Brunain, la vache au Prestre. .	132
— XI. La Chastelaine de Saint Gille. . .	135
— XII. De la Dent (par Archevesque) . .	147
— XIII. Des .II. Chevaus.	153
— XIV. De l'Enfant qui fu remis au soleil.	162
— XV. Des .III. Dames qui trouverent l'anel.	168

	Pages.
Fabliau XVI. Du Chevalier qui fist sa Fame confesse	178
— XVII. Le Dit des Perdriz	188
— XVIII. Du Prestre crucefié.	194
— XIX. D'Estormi (par Hugues Piaucele).	198
— XX. Du sot Chevalier.	220
— XXI. Du Fevre de Creeil.	231
— XXII. De Gombert et des .II. Clers.	238
— XXIII. Des .II. Changéors.	245
— XXIV. Le Flabel d'Aloul	255
— XXV. La Saineresse.	289
— XXVI. D'une seule Fame qui servoit .C. Chevaliers de tous poins.	294
— XXVII. Du Preudome qui rescolt son compere de noier	301
— XXVIII. Du Fotéor	304
— XXIX. C'est de la Dame qui aveine demandoit pour Morel sa provende avoir	318

www.ingramcontent.com/pod-product-compliance
Lightning Source LLC
Chambersburg PA
CBHW050805170426
43202CB00013B/2575